VORWORT

Die Sammlung "Alles wird gut!" von T&P Books ist für Menschen, die für Tourismus und Geschäftsreisen ins Ausland reisen. Die Sprachführer beinhalten, was am wichtigsten ist - die Grundlagen für eine grundlegende Kommunikation. Dies ist eine unverzichtbare Reihe von Sätzen um zu "überleben", während Sie im Ausland sind.

Dieser Sprachführer wird Ihnen in den meisten Fällen helfen, in denen Sie etwas fragen müssen, Richtungsangaben benötigen, wissen wollen wie viel etwas kostet usw. Es kann auch schwierige Kommunikationssituationen lösen, bei denen Gesten einfach nicht hilfreich sind.

Dieses Buch beinhaltet viele Sätze, die nach den wichtigsten Themen gruppiert wurden. Die Ausgabe enthält auch einen kleinen Wortschatz, der etwa 3.000 der am häufigsten verwendeten Wörter enthält. Ein weiterer Abschnitt des Sprachführers bietet ein gastronomisches Wörterbuch, das Ihnen helfen könnte, Essen in einem Restaurant zu bestellen oder Lebensmittel in einem Lebensmittelladen zu kaufen.

Nehmen Sie den "Alles wird gut" Sprachführer mit Ihnen auf die Reise und Sie werden einen unersetzlichen Begleiter haben, der Ihnen helfen wird, Ihren Weg aus jeder Situation zu finden und Ihnen beibringen wird keine Angst beim Sprechen mit Ausländern zu haben.

INHALTSVERZEICHNIS

T&P Books Publishing

Reisesprachführersammlung
"Alles wird gut!"

T&P Books Publishing

SPRACHFÜHRER

— FINNISCH —

Andrey Taranov

Die nützlichsten Wörter und Sätze

Dieser Sprachführer beinhaltet die häufigsten Sätze und Fragen, die für die grundlegende Kommunikation mit Ausländern benötigt wird

Sprachführer + Wörterbuch mit 3000 Wörtern

Sprachführer Deutsch-Finnisch und thematischer Wortschatz mit 3000 Wörtern

Von Andrey Taranov

Die Sammlung "Alles wird gut!" von T&P Books ist für Menschen, die für Tourismus und Geschäftsreisen ins Ausland reisen. Die Sprachführer beinhalten, was am wichtigsten ist - die Grundlagen für eine grundlegende Kommunikation. Dies ist eine unverzichtbare Reihe von Sätzen um zu "überleben", während Sie im Ausland sind.

Dieses Buch beinhaltet auch ein kleines Vokabular mit etwa 3000, am häufigsten verwendeten Wörtern. Ein weiterer Abschnitt des Sprachführers bietet ein gastronomisches Wörterbuch, das Ihnen helfen kann, Essen in einem Restaurant zu bestellen oder Lebensmittel im Lebensmittelladen zu kaufen.

T&P Books Publishing
www.tpbooks.com

ISBN: 978-1-78492-508-6

Dieses Buch ist auch im E-Book Format erhältlich.
Besuchen Sie uns auch auf www.tpbooks.com oder auf einer der bedeutenden Buchhandlungen online.

AUSSPRACHE

T&P phonetisches Alphabet	Finnisch Beispiel	Deutsch Beispiel
[·]	juomalasi [juoma·lasi]	Mittelpunkt
[ː]	aalto [aːlto]	Längezeichen

Vokale

[a]	hakata [hakata]	schwarz
[e]	ensi [ensi]	Pferde
[i]	musiikki [musiːkki]	ihr, finden
[o]	filosofi [filosofi]	orange
[u]	peruna [peruna]	kurz
[ø]	keittiö [kejttiø]	können
[æ]	määrä [mæːræ]	ärgern
[y]	Bryssel [bryssel]	über, dünn

Konsonanten

[b]	banaani [banaːni]	Brille
[d]	odottaa [odottaː]	Detektiv
[dʒ]	Kambodža [kambodʒa]	Kambodscha
[f]	farkut [farkut]	fünf
[g]	jooga [joːga]	gelb
[j]	suojatie [suojatæ]	Jacke
[h]	ohra [ohra]	brauchbar
[ɦ]	jauhot [jauɦot]	Hypnose
[k]	nokkia [nokkia]	Kalender
[l]	leveä [leveæ]	Juli
[m]	moottori [moːttori]	Mitte
[n]	nainen [najnen]	nicht
[ŋ]	ankkuri [aŋkkuri]	Känguru
[p]	pelko [pelko]	Polizei
[r]	raketti [raketti]	richtig
[s]	sarastus [sarastus]	sein
[t]	tattari [tattari]	still
[ʋ]	luvata [luʋata]	Invalide
[ʃ]	šakki [ʃakki]	Chance

T&P phonetisches Alphabet	Finnisch Beispiel	Deutsch Beispiel
[ʧ]	**Chile** [ʧile]	Matsch
[z]	**kazakki** [kɑzɑkki]	sein

LISTE DER ABKÜRZUNGEN

Deutsch. Abkürzungen

Adj	-	Adjektiv
Adv	-	Adverb
Amtsspr.	-	Amtssprache
f	-	Femininum
f, n	-	Femininum, Neutrum
Fem.	-	Femininum
m	-	Maskulinum
m, f	-	Maskulinum, Femininum
m, n	-	Maskulinum, Neutrum
Mask.	-	Maskulinum
n	-	Neutrum
pl	-	Plural
Sg.	-	Singular
ugs.	-	umgangssprachlich
unzähl.	-	unzählbar
usw.	-	und so weiter
v mod	-	Modalverb
vi	-	intransitives Verb
vi, vt	-	intransitives, transitives Verb
vt	-	transitives Verb
zähl.	-	zählbar
z.B.	-	zum Beispiel

FINNISCHER SPRACHFÜHRER

Dieser Teil beinhaltet wichtige Sätze, die sich in verschiedenen realen Situationen als nützlich erweisen können.
Der Sprachführer wird Ihnen dabei helfen nach dem Weg zu fragen, einen Preis zu klären, Tickets zu kaufen und Essen in einem Restaurant zu bestellen.

T&P Books Publishing

INHALT SPRACHFÜHRER

T&P Books Publishing

Das absolute Minimum

Entschuldigen Sie bitte, …	**Anteeksi, …** [ɑnteːksi, …]
Hallo.	**Hei.** [hej]
Danke.	**Kiitos.** [kiːtos]
Auf Wiedersehen.	**Näkemiin.** [næːkemiːn]
Ja.	**Kyllä.** [kyllæ]
Nein.	**Ei.** [ej]
Ich weiß nicht.	**En tiedä.** [en tiedæ]
Wo? | Wohin? | Wann?	**Missä? | Minne? | Milloin?** [missæ? | minne? | millojn?]

Ich brauche …	**Tarvitsen …** [tɑrʋitsen …]
Ich möchte …	**Haluan …** [hɑluɑn …]
Haben Sie …?	**Onko sinulla …?** [oŋko sinullɑ …?]
Gibt es hier …?	**Onko täällä …?** [oŋko tæːllæ …?]
Kann ich …?	**Voinko …?** [ʋojŋko …?]
Bitte (anfragen)	**…, kiitos** […, kiːtos]

Ich suche …	**Etsin …** [etsin …]
die Toilette	**WC** [ʋese]
den Geldautomat	**pankkiautomaatti** [pɑŋkki·ɑutomɑːtti]
die Apotheke	**apteekki** [ɑpteːkki]
das Krankenhaus	**sairaala** [sɑjrɑːlɑ]
die Polizeistation	**poliisiasema** [poliːsi·ɑsemɑ]
die U-Bahn	**metro** [metro]

das Taxi	**taksi**
	[tɑksi]
den Bahnhof	**rautatieasema**
	[rɑutɑtie·ɑsemɑ]

Ich heiße …	**Nimeni on …**
	[nimeni on …]
Wie heißen Sie?	**Mikä sinun nimesi on?**
	[mikæ sinun nimesi on?]
Helfen Sie mir bitte.	**Voisitko auttaa minua?**
	[ʋojsitko ɑuttɑ: minuɑ?]
Ich habe ein Problem.	**Minulla on ongelma.**
	[minullɑ on oŋelmɑ]
Mir ist schlecht.	**En voi hyvin.**
	[en ʋoj hyʋin]
Rufen Sie einen Krankenwagen!	**Soita ambulanssi!**
	[sojtɑ ɑmbulɑnssi!]
Darf ich telefonieren?	**Voisinko soittaa?**
	[ʋojsiŋko sojttɑ:?]

Entschuldigung.	**Olen pahoillani.**
	[olen pɑhojllɑni]
Keine Ursache.	**Ole hyvä.**
	[ole hyʋæ]

ich	**minä	mä**
	[minæ	mæ]
du	**sinä	sä**
	[sinæ	sæ]
er	**hän	se**
	[hæn	se]
sie	**hän	se**
	[hæn	se]
sie (Pl, Mask.)	**he	ne**
	[he	ne]
sie (Pl, Fem.)	**he	ne**
	[he	ne]
wir	**me**
	[me]
ihr	**te**
	[te]
Sie	**sinä**
	[sinæ]

EINGANG	**SISÄÄN**
	[sisæ:n]
AUSGANG	**ULOS**
	[ulos]
AUßER BETRIEB	**EPÄKUNNOSSA**
	[epækunnossɑ]
GESCHLOSSEN	**SULJETTU**
	[suljettu]

OFFEN	**AVOIN** [ɑʋojn]
FÜR DAMEN	**NAISILLE** [nɑjsille]
FÜR HERREN	**MIEHILLE** [mieɦille]

Fragen

Wo?	**Missä?** [missæ?]
Wohin?	**Mihin?** [miɦin?]
Woher?	**Mistä?** [mistæ?]
Warum?	**Miksi?** [miksi?]
Wozu?	**Mistä syystä?** [mistæ syːstæ?]
Wann?	**Milloin?** [millojn?]

Wie lange?	**Kuinka kauan?** [kujŋka kauɑn?]
Um wie viel Uhr?	**Mihin aikaan?** [miɦin ɑjkɑːn?]
Wie viel?	**Kuinka paljon?** [kujŋka paljon?]
Haben Sie ...?	**Onko sinulla ...?** [oŋko sinulla ...?]
Wo befindet sich ...?	**Missä on ...?** [missæ on ...?]

Wie spät ist es?	**Paljonko kello on?** [paljoŋko kello on?]
Darf ich telefonieren?	**Voisinko soittaa?** [ʋojsiŋko sojttaː?]
Wer ist da?	**Kuka siellä?** [kuka siellæ?]
Darf ich hier rauchen?	**Saako täällä polttaa?** [sɑːko tæːllæ polttɑː?]
Darf ich ...?	**Saanko ...?** [sɑːŋko ...?]

Bedürfnisse

Ich hätte gerne ...	**Haluaisin ...** [haluɑjsin ...]
Ich will nicht ...	**En halua ...** [en hɑlua ...]
Ich habe Durst.	**Minulla on jano.** [minulla on jɑno]
Ich möchte schlafen.	**Haluan nukkua.** [hɑluɑn nukkuɑ]

Ich möchte ...	**Haluan ...** [hɑluɑn ...]
abwaschen	**peseytyä** [peseytyæ]
mir die Zähne putzen	**harjata hampaani** [hɑrjɑtɑ hɑmpɑ:ni]
eine Weile ausruhen	**levätä vähän** [leʋætæ ʋæɦæn]
meine Kleidung wechseln	**vaihtaa vaatteet** [ʋɑjhtɑ: ʋɑ:tte:t]

zurück ins Hotel gehen	**palata takaisin hotelliin** [pɑlɑtɑ tɑkɑjsin hotelli:n]
kaufen ...	**ostaa ...** [ostɑ: ...]
gehen ...	**mennä ...** [mennæ ...]
besuchen ...	**käydä ...** [kæydæ ...]
treffen ...	**tavata ...** [tɑʋɑtɑ ...]
einen Anruf tätigen	**soittaa ...** [sojttɑ: ...]

Ich bin müde.	**Olen väsynyt.** [olen ʋæsynyt]
Wir sind müde.	**Olemme väsyneitä.** [olemme ʋæsynejtæ]
Mir ist kalt.	**Minulla on kylmä.** [minulla on kylmæ]
Mir ist heiß.	**Minulla on kuuma.** [minulla on ku:mɑ]
Mir passt es.	**Voin hyvin.** [ʋojn hyʋin]

Ich muss telefonieren.

Minun täytyy soittaa yksi puhelu.
[minun tæyty: sojtta: yksi puħelu]

Ich muss auf die Toilette.

Minun täytyy mennä vessaan.
[minun tæyty: mennæ ʋessɑ:n]

Ich muss gehen.

Minun täytyy lähteä.
[minun tæyty: læhteæ]

Ich muss jetzt gehen.

Minun täytyy lähteä nyt.
[minun tæyty: læhteæ nyt]

Wie man nach dem Weg fragt

Entschuldigen Sie bitte, ...	**Anteeksi, ...** [ante:ksi, ...]
Wo befindet sich ...?	**Missä on ...?** [missæ on ...?]
Welcher Weg ist ...?	**Miten pääsen ...?** [miten pæ:sen ...?]
Könnten Sie mir bitte helfen?	**Voisitko auttaa minua?** [ʋojsitko autta: minua?]

Ich suche ...	**Etsin ...** [etsin ...]
Ich suche den Ausgang.	**Etsin uloskäyntiä.** [etsin uloskæyntiæ]
Ich fahre nach ...	**Menen ...** [menen ...]
Gehe ich richtig nach ...?	**Onko tämä oikea tie ...?** [oŋko tæmæ ojkea tie ...?]

Ist es weit?	**Onko se kaukana?** [oŋko se kaukana?]
Kann ich dort zu Fuß hingehen?	**Voiko sinne kävellä?** [ʋojko sinne kæʋellæ?]
Können Sie es mir auf der Karte zeigen?	**Voitko näyttää minulle kartalta?** [ʋojtko næyttæ: minulle kartalta?]
Zeigen Sie mir wo wir gerade sind.	**Voitko näyttää, missä me olemme nyt.** [ʋojtko næyttæ:, missæ me olemme nyt]

Hier	**Täällä** [tæ:llæ]
Dort	**Siellä** [siellæ]
Hierher	**Tännepäin.** [tænnepæjn]

Biegen Sie rechts ab.	**Käänny oikealle.** [kæ:nny ojkealle]
Biegen Sie links ab.	**Käänny vasemmalle.** [kæ:nny ʋasemmalle]
erste (zweite, dritte) Abzweigung	**ensimmäinen (toinen, kolmas) käännös** [ensimmæjnen (tojnen, kolmas) kæ:nnøs]
nach rechts	**oikealle** [ojkealle]

nach links

vasemmalle
[vasemmalle]

Laufen Sie geradeaus.

Mene suoraan eteenpäin.
[mene suorɑːn eteːnpæjn]

Schilder

HERZLICH WILLKOMMEN!	**TERVETULOA!** [terʋetuloa!]
EINGANG	**SISÄÄN** [sisæ:n]
AUSGANG	**ULOS** [ulos]

DRÜCKEN	**TYÖNNÄ** [tyønnæ]
ZIEHEN	**VEDÄ** [ʋedæ]
OFFEN	**AVOIN** [aʋojn]
GESCHLOSSEN	**SULJETTU** [suljettu]

FÜR DAMEN	**NAISILLE** [najsille]
FÜR HERREN	**MIEHILLE** [mieɦille]
HERREN-WC	**MIEHET** [mieɦet]
DAMEN-WC	**NAISET** [najset]

RABATT | REDUZIERT	**MYYNTI** [my:nti]
AUSVERKAUF	**ALE** [ale]
GRATIS	**ILMAINEN** [ilmajnen]
NEU!	**UUTUUS!** [u:tu:s!]
ACHTUNG!	**HUOMIO!** [huomio!]

KEINE ZIMMER FREI	**TÄYNNÄ** [tæynnæ]
RESERVIERT	**VARATTU** [ʋarattu]
VERWALTUNG	**HALLINTOHENKILÖSTÖ** [hallinto·heŋkiløstø]
NUR FÜR PERSONAL	**VAIN HENKILÖKUNNALLE** [ʋajn heŋkilø·kunnalle]

BISSIGER HUND	**VARO KOIRAA!** [ʋaro kojra:!]
RAUCHEN VERBOTEN!	**TUPAKOINTI KIELLETTY!** [tupakojnti kielletty!]
NICHT ANFASSEN!	**ÄLÄ KOSKE!** [ælæ koske!]
GEFÄHRLICH	**VAARALLINEN** [ʋa:rallinen]
GEFAHR	**VAARA** [ʋa:ra]
HOCHSPANNUNG	**KORKEAJÄNNITE** [korkea·jænnite]
BADEN VERBOTEN	**UIMINEN KIELLETTY!** [ujminen kielletty!]

AUßER BETRIEB	**EPÄKUNNOSSA** [epækunnossa]
LEICHTENTZÜNDLICH	**HELPOSTI SYTTYVÄ** [helposti syttyʋæ]
VERBOTEN	**KIELLETTY** [kielletty]
DURCHGANG VERBOTEN	**LÄPIKULKU KIELLETTY** [læpikulku kielletty]
FRISCH GESTRICHEN	**VASTAMAALATTU** [ʋastama:lattu]

WEGEN RENOVIERUNG GESCHLOSSEN	**SULJETTU REMONTIN VUOKSI** [suljettu remontin ʋuoksi]
ACHTUNG BAUARBEITEN	**TIETYÖ** [tietyø]
UMLEITUNG	**KIERTOTIE** [kiertotie]

Transport - Allgemeine Phrasen

Flugzeug	**lentokone** [lentokone]
Zug	**juna** [juna]
Bus	**bussi** [bussi]
Fähre	**lautta** [lautta]
Taxi	**taksi** [taksi]
Auto	**auto** [auto]

Zeitplan	**aikataulu** [ajkataulu]
Wo kann ich den Zeitplan sehen?	**Missä voisin nähdä aikataulun?** [missæ voisin næhdæ ajkataulun?]
Arbeitstage	**arkipäivät** [arkipæjuæt]
Wochenenden	**viikonloppu** [vi:kon·loppu]
Ferien	**pyhäpäivät** [pyhæpæjuæt]

ABFLUG	**LÄHTEVÄT** [læhtevæt]
ANKUNFT	**SAAPUVAT** [sa:puvat]
VERSPÄTET	**MYÖHÄSSÄ** [myøhæssæ]
GESTRICHEN	**PERUUTETTU** [peru:tettu]

nächste (Zug, usw.)	**seuraava** [seura:va]
erste	**ensimmäinen** [ensimmæjnen]
letzte	**viimeinen** [vi:mejnen]

Wann kommt der Nächste …?	**Milloin on seuraava …?** [millojn on seura:va …?]
Wann kommt der Erste …?	**Milloin on ensimmäinen …?** [millojn on ensimmæjnen …?]

Wann kommt der Letzte …?

Milloin on viimeinen …?
[millojn on ʋiːmejnen …?]

Transfer

vaihto
[ʋɑjhto]

einen Transfer machen

vaihtaa
[ʋɑjhtɑː]

Muss ich einen Transfer machen?

Täytyykö minun tehdä vaihto?
[tæytyːkø minun tehdæ ʋɑjhto?]

Eine Fahrkarte kaufen

Wo kann ich Fahrkarten kaufen?

Mistä voin ostaa lippuja?
[mistæ ʋojn osta: lippujɑ?]

Fahrkarte

lippu
[lippu]

Eine Fahrkarte kaufen

ostaa lippu
[ostɑ: lippu]

Fahrkartenpreis

lipun hinta
[lipun hintɑ]

Wohin?

Mihin?
[mihin?]

Welche Station?

Mille asemalle?
[mille ɑsemɑlle?]

Ich brauche ...

Tarvitsen ...
[tɑrʋitsen ...]

eine Fahrkarte

yhden lipun
[yhden lipun]

zwei Fahrkarten

kaksi lippua
[kɑksi lippuɑ]

drei Fahrkarten

kolme lippua
[kolme lippuɑ]

---

in eine Richtung

menolippu
[menolippu]

hin und zurück

menopaluu
[menopɑlu:]

erste Klasse

ensimmäinen luokka
[ensimmæjnen luokkɑ]

zweite Klasse

toinen luokka
[tojnen luokkɑ]

---

heute

tänään
[tænæ:n]

morgen

huomenna
[huomennɑ]

übermorgen

ylihuomenna
[ylihuomennɑ]

am Vormittag

aamulla
[ɑ:mullɑ]

am Nachmittag

iltapäivällä
[iltɑ·pæjʋællæ]

am Abend

illalla
[illɑllɑ]

Gangplatz

käytäväpaikka
[kæytæʋæpɑjkkɑ]

Fensterplatz

ikkunapaikka
[ikkunɑpɑjkkɑ]

Wie viel?

Kuinka paljon?
[kujŋkɑ pɑljon?]

Kann ich mit Karte zahlen?

Voinko maksaa luottokortilla?
[ʋojŋko mɑksɑ: luottokortillɑ?]

Bus

Bus	**bussi** [bussi]
Fernbus	**linja-auto** [linja·auto]
Bushaltestelle	**bussipysäkki** [bussi·pysækki]
Wo ist die nächste Bushaltestelle?	**Missä on lähin bussipysäkki?** [missæ on læɦin bussi·pysækki?]
Nummer	**numero** [numero]
Welchen Bus nehme ich um nach ... zu kommen?	**Millä bussilla pääsen ...?** [millæ bussilla pææ:sen ...?]
Fährt dieser Bus nach ...?	**Meneekö tämä bussi ...?** [mene:kø tæmæ bussi ...?]
Wie oft fahren die Busse?	**Kuinka usein bussit kulkevat?** [kujŋka usejn bussit kulkeʋat?]
alle fünfzehn Minuten	**viidentoista minuutin välein** [ʋi:den·tojsta minu:tin ʋælejn]
jede halbe Stunde	**puolen tunnin välein** [puolen tunnin ʋælejn]
jede Stunde	**joka tunti** [joka tunti]
mehrmals täglich	**useita kertoja päivässä** [usejta kertoja pæjʋæssæ]
... Mal am Tag	**... kertaa päivässä** [... kerta: pæjʋæssæ]
Zeitplan	**aikataulu** [ajkataulu]
Wo kann ich den Zeitplan sehen?	**Missä voisin nähdä aikataulun?** [missæ ʋojsin næhdæ ajkataulun?]
Wann kommt der nächste Bus?	**Milloin seuraava bussi menee?** [millojn seura:ʋa bussi mene:?]
Wann kommt der erste Bus?	**Milloin ensimmäinen bussi menee?** [millojn ensimmæjnen bussi mene:?]
Wann kommt der letzte Bus?	**Milloin viimeinen bussi menee?** [millojn ʋi:mejnen bussi mene:?]
Halt	**pysäkki** [pysækki]
Nächster Halt	**seuraava pysäkki** [seura:ʋa pysækki]

Letzter Halt

päätepysäkki
[pæ:te·pysækki]

Halten Sie hier bitte an.

Pysähdy tähän, kiitos.
[pysæhdy tæɦæn, ki:tos]

Entschuldigen Sie mich,
dies ist meine Haltestelle.

Anteeksi, jään pois tässä.
[ɑnte:ksi, jæ:n pojs tæssæ]

Zug

Zug	**juna** [juna]
S-Bahn	**lähijuna** [læñijuna]
Fernzug	**kaukojuna** [kaukojuna]
Bahnhof	**rautatieasema** [rautatie·asema]
Entschuldigen Sie bitte, wo ist der Ausgang zum Bahngleis?	**Anteeksi, mistä pääsen laiturille?** [ante:ksi, mistæ pæ:sen lajturille?]

Fährt dieser Zug nach …?	**Meneekö tämä juna …?** [mene:kø tæmæ juna …?]
nächste Zug	**seuraava juna** [seura:va juna]
Wann kommt der nächste Zug?	**Milloin seuraava juna lähtee?** [millojn seura:va juna llæhte:?]
Wo kann ich den Zeitplan sehen?	**Missä voisin nähdä aikataulun?** [missæ vojsin næhdæ ajkataulun?]
Von welchem Bahngleis?	**Miltä laiturilta?** [miltæ lajturilta?]
Wann kommt der Zug in … an?	**Milloin juna saapuu …?** [millojn juna sa:pu: …?]

Helfen Sie mir bitte.	**Auttaisitko minua, kiitos.** [auttajsitko minua, ki:tos]
Ich suche meinen Platz.	**Etsin paikkaani.** [etsin pajkka:ni]
Wir suchen unsere Plätze.	**Etsimme paikkojamme.** [etsimme pajkkojamme]
Unser Platz ist besetzt.	**Paikkani on varattu.** [pajkkani on varattu]
Unsere Plätze sind besetzt.	**Paikkamme ovat varattuja.** [pajkkamme ovat varattuja]

Entschuldigen Sie, aber das ist mein Platz.	**Olen pahoillani, mutta tämä** **on minun paikkani.** [olen pañojllani, mutta tæmæ on minun pajkkani]
Ist der Platz frei?	**Onko tämä paikka varattu?** [oŋko tæmæ pajkka varattu?]
Darf ich mich hier setzen?	**Voinko istua tähän?** [vojŋko istua tæñæn?]

Im Zug - Dialog (Keine Fahrkarte)

Fahrkarte bitte.

Lippunne, kiitos.
[lippunne, ki:tos]

Ich habe keine Fahrkarte.

Minulla ei ole lippua.
[minulla ej ole lippua]

Ich habe meine Fahrkarte verloren.

Kadotin lippuni.
[kadotin lippuni]

Ich habe meine Fahrkarte
zuhause vergessen.

Unohdin lippuni kotiin.
[unohdin lippuni koti:n]

Sie können von mir
eine Fahrkarte kaufen.

Voit ostaa lipun minulta.
[voit osta: lipun minulta]

Sie werden auch eine Strafe zahlen.

Sinun täytyy maksaa myös sakko.
[sinun tæyty: maksa: myøs sakko]

Gut.

Hyvä on.
[hyvæ on]

Wohin fahren Sie?

Minne olet menossa?
[minne olet menossa?]

Ich fahre nach …

Menen …
[menen …]

Wie viel? Ich verstehe nicht.

Kuinka paljon? En ymmärrä.
[kujŋka paljon? en ymmærræ]

Schreiben Sie es bitte auf.

Voisitko kirjoittaa sen.
[voisitko kirjoitta: sen]

Gut. Kann ich mit Karte zahlen?

Hyvä on.
Voinko maksaa luottokortilla?
[hyvæ on. voiŋko maksa:
luottokortilla?]

Ja, das können Sie.

Kyllä voit.
[kyllæ voit]

Hier ist ihre Quittung.

Tässä on kuittinne.
[tæssæ on kujttinne]

Tut mir leid wegen der Strafe.

Olen pahoillani sakosta.
[olen pahojllani sakosta]

Das ist in Ordnung. Es ist meine Schuld.

Ei hätää. Se oli minun vikani.
[ej hætæ:. se oli minun vikani]

Genießen Sie Ihre Fahrt.

Mukavaa matkaa.
[mukava: matka:]

Taxi

Taxi	**taksi** [tɑksi]
Taxifahrer	**taksinkuljettaja** [tɑksiŋ·kuljettɑjɑ]
Ein Taxi nehmen	**ottaa taksi** [ottɑː tɑksi]
Taxistand	**taksipysäkki** [tɑksi·pysækki]
Wo kann ich ein Taxi bekommen?	**Mistä voin saada taksin?** [mistæ ʋojn sɑːdɑ tɑksin?]
Ein Taxi rufen	**soittaa taksi** [sojttɑː tɑksi]
Ich brauche ein Taxi.	**Tarvitsen taksin.** [tɑrʋitsen tɑksin]
Jetzt sofort.	**Juuri nyt.** [juːri nyt]
Wie ist Ihre Adresse? (Standort)	**Mikä on osoitteesi?** [mikæ on osojtteːsi?]
Meine Adresse ist …	**Osoitteeni on …** [osojtteːni on …]
Ihr Ziel?	**Mihin olet menossa?** [mihin olet menossɑ?]

Entschuldigen Sie bitte, …	**Anteeksi, …** [ɑnteːksi, …]
Sind Sie frei?	**Oletko vapaa?** [oletko ʋɑpɑ:?]
Was kostet die Fahrt nach …?	**Kuinka paljon maksaa mennä …?** [kujŋkɑ pɑljon mɑksɑː mennæ …?]
Wissen Sie wo es ist?	**Tiedätkö, missä se on?** [tiedætkø, missæ se on?]

Flughafen, bitte.	**Lentokentälle, kiitos.** [lentokentælle, kiːtos]
Halten Sie hier bitte an.	**Pysähdy tähän, kiitos.** [pysæhdy tæhæn, kiːtos]
Das ist nicht hier.	**Se ei ole täällä.** [se ej ole tæːllæ]
Das ist die falsche Adresse.	**Tämä on väärä osoite.** [tæmæ on ʋæːræ osojte]
nach links	**Käänny vasemmalle.** [kæːnny ʋɑsemmɑlle]
nach rechts	**Käänny oikealle.** [kæːnny ojkeɑlle]

Was schulde ich Ihnen?

Kuinka paljon olen velkaa?
[kujŋka paljon olen ʋelka:?]

Ich würde gerne
ein Quittung haben, bitte.

Voisinko saada kuitin.
[ʋojsiŋko sa:da kujtin]

Stimmt so.

Voit pitää vaihtorahat.
[ʋojt pitæ: ʋajhtoraɦat]

Warten Sie auf mich bitte

Odottaisitko minua?
[odottajsitko minua?]

fünf Minuten

viisi minuuttia
[ʋi:si minu:ttia]

zehn Minuten

kymmenen minuuttia
[kymmenen minu:ttia]

fünfzehn Minuten

viisitoista minuuttia
[ʋi:sitojsta minu:ttia]

zwanzig Minuten

kaksikymmentä minuuttia
[kaksikymmentæ minu:ttia]

eine halbe Stunde

puoli tuntia
[puoli tuntia]

Hotel

Guten Tag.	**Hei.** [hej]
Mein Name ist ...	**Nimeni on ...** [nimeni on ...]
Ich habe eine Reservierung.	**Minulla on varaus.** [minulla on varaus]
Ich brauche ...	**Tarvitsen ...** [tarvitsen ...]
ein Einzelzimmer	**yhden hengen huoneen** [yhden heŋen huone:n]
ein Doppelzimmer	**kahden hengen huoneen** [kahden heŋen huone:n]
Wie viel kostet das?	**Kuinka paljon se maksaa?** [kujŋka paljon se maksa:?]
Das ist ein bisschen teuer.	**Se on aika kallis.** [se on ajka kallis]
Haben Sie sonst noch etwas?	**Onko muita vaihtoehtoja?** [oŋko mujta vajhtoehtoja?]
Ich nehme es.	**Otan sen.** [otan sen]
Ich zahle bar.	**Maksan käteisellä.** [maksan kætejsellæ]
Ich habe ein Problem.	**Minulla on ongelma.** [minulla on oŋelma]
Mein ... ist kaputt.	**Minun ... on rikki.** [minun ... on rikki]
Mein ... ist außer Betrieb.	**Minun ... on epäkunnossa.** [minun ... on epækunnossa]
Fernseher	**TV** [teve]
Klimaanlage	**ilmastointi** [ilmastojnti]
Wasserhahn	**hana** [hana]
Dusche	**suihku** [sujhku]
Waschbecken	**allas** [allas]
Safe	**kassakaappi** [kassaka:ppi]

Türschloss	**oven lukko** [oven lukko]
Steckdose	**pistorasia** [pistorasia]
Föhn	**hiustenkuivaaja** [hiusteŋ·kujʋɑːjɑ]

Ich habe kein …	**Huoneessani ei ole …** [huone:ssɑni ej ole …]
Wasser	**vettä** [ʋettæ]
Licht	**valoa** [ʋɑloɑ]
Strom	**sähköä** [sæhkøæ]

Können Sie mir … geben?	**Voisitko antaa minulle …?** [ʋojsitko ɑntɑ: minulle …?]
ein Handtuch	**pyyhkeen** [py:hke:n]
eine Decke	**peitteen** [pejtte:n]
Hausschuhe	**aamutossut** [ɑ:mutossut]
einen Bademantel	**aamutakin** [ɑ:mutɑkin]
etwas Shampoo	**sampoo** [sɑmpo:]
etwas Seife	**saippuan** [sɑjppuɑn]

Ich möchte ein anderes Zimmer haben.	**Haluaisin vaihtaa huonetta.** [hɑluɑjsin ʋɑjhtɑ: huonettɑ]
Ich kann meinen Schlüssel nicht finden.	**En löydä avaintani.** [en løydæ ɑvɑjntɑni]
Machen Sie bitte meine Tür auf	**Voisitko avata huoneeni oven?** [ʋojsitko ɑvɑtɑ huone:ni oven?]
Wer ist da?	**Kuka siellä?** [kukɑ siellæ?]
Kommen Sie rein!	**Tule sisään!** [tule sisæ:n!]
Einen Moment bitte!	**Hetki vain!** [hetki ʋɑjn!]
Nicht jetzt bitte.	**Ei juuri nyt, kiitos.** [ej ju:ri nyt, ki:tos]

Kommen Sie bitte in mein Zimmer.	**Voisitko tulla huoneeseeni.** [ʋojsitko tullɑ huone:se:ni]
Ich würde gerne Essen bestellen.	**Haluaisin tilata huonepalvelusta.** [hɑluɑjsin tilɑtɑ huonepɑlʋelustɑ]
Meine Zimmernummer ist …	**Huoneeni numero on …** [huone:ni numero on …]

Ich reise … ab.	**Olen lähdössä …** [olen læhdøssæ …]
Wir reisen … ab.	**Olemme lähdössä …** [olemme læhdøssæ …]
jetzt	**juuri nyt** [juːri nyt]
diesen Nachmittag	**tänä iltapäivänä** [tænæ iltɑpæjʋænæ]
heute Abend	**tänä iltana** [tænæ iltɑnɑ]
morgen	**huomenna** [huomennɑ]
morgen früh	**huomenaamuna** [huomenɑːmunɑ]
morgen Abend	**huomenillalla** [huomenillɑllɑ]
übermorgen	**ylihuomenna** [ylihuomennɑ]

Ich möchte die Zimmerrechnung begleichen.	**Haluaisin maksaa.** [hɑluɑjsin mɑksɑː]
Alles war wunderbar.	**Kaikki oli mahtavaa.** [kɑjkki oli mɑhtɑʋɑː]
Wo kann ich ein Taxi bekommen?	**Mistä voin saada taksin?** [mistæ ʋojn sɑːdɑ tɑksin?]
Würden Sie bitte ein Taxi für mich holen?	**Voisitko soittaa minulle taksin, kiitos?** [ʋojsitko sojttɑː minulle tɑksin, kiːtos?]

Restaurant

Könnte ich die Speisekarte sehen bitte?

Saisinko katsoa ruokalistaa, kiitos?
[sɑjsiŋko kɑtsoɑ ruokɑ·listɑ:, ki:tos?]

Tisch für einen.

Pöytä yhdelle.
[pøytæ yhdelle]

Wir sind zu zweit (dritt, viert).

Meitä on kaksi (kolme, neljä).
[mejtæ on kɑksi (kolme, neljæ)]

Raucher

Tupakointi
[tupɑkojnti]

Nichtraucher

Tupakointi kielletty
[tupɑkojnti kielletty]

Entschuldigen Sie mich!
(Einen Kellner ansprechen)

Anteeksi!
[ɑnte:ksi!]

Speisekarte

ruokalista
[ruokɑ·listɑ]

Weinkarte

viinilista
[ʋi:ni·listɑ]

Die Speisekarte bitte.

Ruokalista, kiitos.
[ruokɑ·listɑ, ki:tos]

Sind Sie bereit zum bestellen?

Oletteko valmis tilaamaan?
[oletteko ʋɑlmis tilɑ:mɑ:n?]

Was würden Sie gerne haben?

Mitä haluaisitte?
[mitæ hɑluɑjsitte?]

Ich möchte …

Otan …
[otɑn …]

Ich bin Vegetarier.

Olen kasvissyöjä.
[olen kɑsʋissyøjæ]

Fleisch

liha
[liɦɑ]

Fisch

kala
[kɑlɑ]

Gemüse

vihannekset
[ʋiɦɑnnekset]

Haben Sie vegetarisches Essen?

Onko teillä kasvisruokaa?
[oŋko tejllæ kɑsʋisruokɑ:?]

Ich esse kein Schweinefleisch.

En syö sianlihaa.
[en syø siɑnliɦɑ:]

Er /Sie/ isst kein Fleisch.

Hän ei syö lihaa.
[hæn ej syø liɦɑ:]

Ich bin allergisch auf …

Olen allerginen …
[olen ɑllerginen …]

Könnten Sie mir bitte … Bringen.	**Toisitteko minulle …** [tojsitteko minulle …]
Salz | Pfeffer | Zucker	**suola | pippuri | sokeri** [suola | pippuri | sokeri]
Kaffee | Tee | Nachtisch	**kahvi | tee | jälkiruoka** [kahui | te: | jælkiruoka]
Wasser | Sprudel | stilles	**vesi | hiilihapollinen | tavallinen** [uesi | hi:liħapollinen | tauallinen]
einen Löffel | eine Gabel | ein Messer	**lusikka | haarukka | veitsi** [lusikka | ha:rukka | uejtsi]
einen Teller | eine Serviette	**lautanen | lautasliina** [lautanen | lautasli:na]

Guten Appetit!	**Hyvää ruokahalua!** [hyuæ: ruokaħalua!]
Noch einen bitte.	**Toinen samanlainen, kiitos.** [tojnen samanlajnen, ki:tos]
Es war sehr lecker.	**Se oli todella herkullista.** [se oli todella herkullista]

Scheck | Wechselgeld | Trinkgeld	**lasku | vaihtoraha | tippi** [lasku | uajhtoraħa | tippi]
Zahlen bitte.	**Lasku, kiitos.** [lasku, ki:tos]
Kann ich mit Karte zahlen?	**Voinko maksaa luottokortilla?** [uojŋko maksa: luottokortilla?]
Entschuldigen Sie, hier ist ein Fehler.	**Olen pahoillani, mutta tässä on virhe.** [olen paħojllani, mutta tæssæ on uirhe]

Einkaufen

Kann ich Ihnen behilflich sein?	**Voinko auttaa?** [ʋojŋko auttɑ:?]
Haben Sie ...?	**Onko teillä ...?** [oŋko tejllæ ...?]
Ich suche ...	**Etsin ...** [etsin ...]
Ich brauche ...	**Tarvitsen ...** [tɑrʋitsen ...]

Ich möchte nur schauen.	**Katselen vain.** [kɑtselen ʋɑjn]
Wir möchten nur schauen.	**Katselemme vain.** [kɑtselemme ʋɑjn]
Ich komme später noch einmal zurück.	**Palaan takaisin myöhemmin.** [pɑlɑ:n tɑkɑjsin myøhemmin]
Wir kommen später vorbei.	**Palaamme takaisin myöhemmin.** [pɑlɑ:mme tɑkɑjsin myøhemmin]
Rabatt	Ausverkauf	**alennukset	ale** [ɑlennukset	ɑle]

Zeigen Sie mir bitte ...	**Näyttäisitkö minulle ...** [næyttæjsitkø minulle ...]
Geben Sie mir bitte ...	**Antaisitko minulle ...** [ɑntɑjsitko minulle ...]
Kann ich es anprobieren?	**Voinko kokeilla tätä?** [ʋojŋko kokejllɑ tætæ?]
Entschuldigen Sie bitte, wo ist die Anprobe?	**Anteeksi, missä on sovituskoppi?** [ɑnte:ksi, missæ on soʋituskoppi?]
Welche Farbe mögen Sie?	**Minkä värisen haluaisitte?** [miŋkæ ʋærisen hɑluɑjsitte?]
Größe	Länge	**koko	pituus** [koko	pitu:s]
Wie sitzt es?	**Kuinka tämä istuu?** [kujŋkɑ tæmæ istu:?]

Was kostet das?	**Kuinka paljon tämä maksaa?** [kujŋkɑ pɑljon tæmæ mɑksɑ:?]
Das ist zu teuer.	**Se on liian kallis.** [se on li:ɑn kɑllis]
Ich nehme es.	**Otan sen.** [otɑn sen]
Entschuldigen Sie bitte, wo ist die Kasse?	**Anteeksi, missä voin maksaa?** [ɑnte:ksi, missæ ʋojn mɑksɑ:?]

Zahlen Sie Bar oder mit Karte?

Maksatteko käteisellä
vai luottokortilla?
[maksatteko kætejsellæ
ʋɑj luottokortillɑ?]

in Bar | mit Karte

Käteisellä | luottokortilla
[kætejsellæ | luottokortillɑ]

Brauchen Sie die Quittung?

Haluaisitteko kuitin?
[hɑluɑjsitteko kujtin?]

Ja, bitte.

Kyllä kiitos.
[kyllæ ki:tos]

Nein, es ist ok.

Ei, en halua.
[ej, en hɑluɑ]

Danke. Einen schönen Tag noch!

Kiitos. Mukavaa päivää!
[ki:tos. mukɑʋɑ: pæjʋæ:!]

In der Stadt

Entschuldigen Sie bitte, ...	**Anteeksi.** [ante:ksi]
Ich suche ...	**Etsin ...** [etsin ...]
die U-Bahn	**metro** [metro]
mein Hotel	**hotellini** [hotellini]
das Kino	**elokuvateatteri** [elokuva·teatteri]
den Taxistand	**taksipysäkki** [taksi·pysækki]

einen Geldautomat	**pankkiautomaatti** [paŋkki·automa:tti]
eine Wechselstube	**valuutanvaihtopiste** [valu:tanvajhto·piste]
ein Internetcafé	**Internet-kahvila** [internet·kahvila]
die ... -Straße	**... katu** [... katu]
diesen Ort	**tämä paikka** [tæmæ pajkka]

Wissen Sie, wo ... ist?	**Tiedättekö, missä on ...?** [tiedættekø, missæ on ...?]
Wie heißt diese Straße?	**Mikä katu tämä on?** [mikæ katu tæmæ on?]
Zeigen Sie mir wo wir gerade sind.	**Voisitteko näyttää minulle, missä me olemme nyt.** [vojsitteko næyttæ: minulle, missæ me olemme nyt]
Kann ich dort zu Fuß hingehen?	**Voiko sinne kävellä?** [vojko sinne kævellæ?]
Haben Sie einen Stadtplan?	**Onko teillä kaupungin karttaa?** [oŋko tejllæ kaupuŋin kartta:?]

Was kostet eine Eintrittskarte?	**Kuinka paljon pääsylippu maksaa?** [kujŋka paljon pæ:sylippu maksa:?]
Darf man hier fotografieren?	**Voinko ottaa täällä kuvia?** [vojŋko otta: tæ:llæ kuvia?]
Haben Sie offen?	**Oletteko auki?** [oletteko auki?]

Wann öffnen Sie?

Milloin aukeatte?
[millojn aukeatte?]

Wann schließen Sie?

Milloin menette kiinni?
[millojn menette ki:nni?]

Geld

Geld	**raha** [rɑhɑ]
Bargeld	**käteinen** [kætejnen]
Papiergeld	**setelit** [setelit]
Kleingeld	**pikkuraha** [pikku·rɑhɑ]
Scheck | Wechselgeld | Trinkgeld	**lasku | vaihtoraha | tippi** [lɑsku | vɑjhtorɑhɑ | tippi]
Kreditkarte	**luottokortti** [luotto·kortti]
Geldbeutel	**lompakko** [lompɑkko]
kaufen	**ostaa** [ostɑ:]
zahlen	**maksaa** [mɑksɑ:]
Strafe	**sakko** [sɑkko]
kostenlos	**ilmainen** [ilmɑjnen]
Wo kann ich … kaufen?	**Mistä voin ostaa …?** [mistæ vojn ostɑ: …?]
Ist die Bank jetzt offen?	**Onko pankki nyt auki?** [oŋko pɑŋkki nyt ɑuki?]
Wann öffnet sie?	**Milloin se aukeaa?** [millojn se ɑukeɑ:?]
Wann schließt sie?	**Milloin se menee kiinni?** [millojn se mene: ki:nni?]
Wie viel?	**Kuinka paljon?** [kujŋkɑ pɑljon?]
Was kostet das?	**Kuinka paljon tämä maksaa?** [kujŋkɑ pɑljon tæmæ mɑksɑ:?]
Das ist zu teuer.	**Se on liian kallis.** [se on li:ɑn kɑllis]
Entschuldigen Sie bitte, wo ist die Kasse?	**Anteeksi, missä voin maksaa?** [ɑnte:ksi, missæ vojn mɑksɑ:?]
Ich möchte zahlen.	**Lasku, kiitos.** [lɑsku, ki:tos]

Kann ich mit Karte zahlen?	**Voinko maksaa luottokortilla?** [vojŋko maksa: luottokortilla?]
Gibt es hier einen Geldautomat?	**Onko täällä pankkiautomaattia?** [oŋko tæ:llæ paŋkki·automa:ttia?]
Ich brauche einen Geldautomat.	**Etsin pankkiautomaattia.** [etsin paŋkki·automa:ttia]
Ich suche eine Wechselstube.	**Etsin valuutanvaihtopistettä.** [etsin valu:tanvajhto·pistettæ]
Ich möchte … wechseln.	**Haluaisin vaihtaa …** [haluajsin vajhta: …]
Was ist der Wechselkurs?	**Mikä on vaihtokurssi?** [mikæ on vajhto·kurssi?]
Brauchen Sie meinen Reisepass?	**Tarvitsetteko passini?** [tarvitsetteko passini?]

Zeit

Wie spät ist es?	**Paljonko kello on?**
	[paljoŋko kello on?]
Wann?	**Milloin?**
	[millojn?]
Um wie viel Uhr?	**Mihin aikaan?**
	[mihin ajka:n?]
jetzt | später | nach ...	**nyt | myöhemmin | jälkeen ...**
	[nyt | myøhemmin | jælke:n ...]

ein Uhr	**kello yksi**
	[kello yksi]
Viertel zwei	**vartin yli yksi**
	[ʋartin yli yksi]
Ein Uhr dreißig	**puoli kaksi**
	[puoli kaksi]
Viertel vor zwei	**varttia vaille kaksi**
	[ʋarttia ʋajlle kaksi]

eins | zwei | drei	**yksi | kaksi | kolme**
	[yksi | kaksi | kolme]
vier | fünf | sechs	**neljä | viisi | kuusi**
	[neljæ | ʋi:si | ku:si]
sieben | acht | neun	**seitsemän | kahdeksan | yhdeksän**
	[sejtsemæn | kahdeksan | yhdeksæn]
zehn | elf | zwölf	**kymmenen | yksitoista | kaksitoista**
	[kymmenen | yksitojsta | kaksitojsta]

in ...	**... kuluttua**
	[... kuluttua]
fünf Minuten	**viiden minuutin kuluttua**
	[ʋi:den minu:tin kuluttua]
zehn Minuten	**kymmenen minuutin kuluttua**
	[kymmenen minu:tin kuluttua]
fünfzehn Minuten	**viidentoista minuutin kuluttua**
	[ʋi:den·tojsta minu:tin kuluttua]
zwanzig Minuten	**kahdenkymmenen minuutin kuluttua**
	[kahdeŋkymmenen minu:tin kuluttua]
einer halben Stunde	**puolen tunnin kuluttua**
	[puolen tunnin kuluttua]
einer Stunde	**tunnin kuluttua**
	[tunnin kuluttua]

am Vormittag	**aamulla** [ɑːmullɑ]
früh am Morgen	**aikaisin aamulla** [ɑjkɑjsin ɑːmullɑ]
diesen Morgen	**tänä aamuna** [tænæ ɑːmunɑ]
morgen früh	**huomenaamuna** [huomenɑːmunɑ]
am Mittag	**keskipäivällä** [keskipæjʊællæ]
am Nachmittag	**iltapäivällä** [iltɑ·pæjʊællæ]
am Abend	**illalla** [illɑllɑ]
heute Abend	**tänä iltana** [tænæ iltɑnɑ]
in der Nacht	**yöllä** [yøllæ]
gestern	**eilen** [ejlen]
heute	**tänään** [tænæːn]
morgen	**huomenna** [huomennɑ]
übermorgen	**ylihuomenna** [yliɦuomennɑ]
Welcher Tag ist heute?	**Mikä päivä tänään on?** [mikæ pæjʊæ tænæːn on?]
Es ist ...	**Tänään on ...** [tænæːn on ...]
Montag	**maanantai** [mɑːnɑntɑj]
Dienstag	**tiistai** [tiːstɑj]
Mittwoch	**keskiviikko** [keskiʋiːkko]
Donnerstag	**torstai** [torstɑj]
Freitag	**perjantai** [perjɑntɑj]
Samstag	**lauantai** [lɑuɑntɑj]
Sonntag	**sunnuntai** [sunnuntɑj]

Begrüßungen und Vorstellungen

Hallo.

Hei.
[hej]

Freut mich, Sie kennen zu lernen.

Mukava tavata.
[mukɑʋɑ tɑʋɑtɑ]

Ganz meinerseits.

Samoin.
[sɑmojn]

Darf ich vorstellen? Das ist ...

Saanko esitellä ...
[sɑːŋko esitellæ ...]

Sehr angenehm.

Hauska tavata.
[hɑuskɑ tɑʋɑtɑ]

Wie geht es Ihnen?

Kuinka voit?
[kujŋkɑ ʋojt?]

Ich heiße ...

Nimeni on ...
[nimeni on ...]

Er heißt ...

Hänen nimensä on ...
[hænen nimensæ on ...]

Sie heißt ...

Hänen nimensä on ...
[hænen nimensæ on ...]

Wie heißen Sie?

Mikä sinun nimesi on?
[mikæ sinun nimesi on?]

Wie heißt er?

Mikä hänen nimensä on?
[mikæ hænen nimensæ on?]

Wie heißt sie?

Mikä hänen nimensä on?
[mikæ hænen nimensæ on?]

Wie ist Ihr Nachname?

Mikä on sukunimesi?
[mikæ on sukunimesi?]

Sie können mich ... nennen.

Voit soittaa minulle ...
[ʋojt sojttaː minulle ...]

Woher kommen Sie?

Mistä olet kotoisin?
[mistæ olet kotojsin?]

Ich komme aus ...

Olen ...
[olen ...]

Was machen Sie beruflich?

Mitä teet työksesi?
[mitæ teːt työksesi?]

Wer ist das?

Kuka tämä on?
[kukɑ tæmæ on?]

Wer ist er?

Kuka hän on?
[kukɑ hæn on?]

Wer ist sie?

Kuka hän on?
[kukɑ hæn on?]

Wer sind sie?

Keitä he ovat?
[kejtæ he oʋɑt?]

Das ist …	**Tämä on …** [tæmæ on …]
mein Freund	**ystäväni** [ystæʋæni]
meine Freundin	**ystäväni** [ystæʋæni]
mein Mann	**mieheni** [mieheni]
meine Frau	**vaimoni** [ʋɑjmoni]

mein Vater	**isäni** [isæni]
meine Mutter	**äitini** [æjtini]
mein Bruder	**veljeni** [ʋeljeni]
meine Schwester	**siskoni** [siskoni]
mein Sohn	**poikani** [pojkɑni]
meine Tochter	**tyttäreni** [tyttæreni]

Das ist unser Sohn.	**Tämä on poikamme.** [tæmæ on pojkɑmme]
Das ist unsere Tochter.	**Tämä on tyttäremme.** [tæmæ on tyttæremme]
Das sind meine Kinder.	**Nämä ovat lapsiani.** [næmæ oʋɑt lɑpsiɑni]
Das sind unsere Kinder.	**Nämä ovat lapsiamme.** [næmæ oʋɑt lɑpsiɑmme]

Verabschiedungen

Auf Wiedersehen!	**Näkemiin!** [nækemi:n!]
Tschüss!	**Hei hei!** [hej hej!]
Bis morgen.	**Nähdään huomenna.** [næhdæ:n huomenna]
Bis bald.	**Nähdään pian.** [næhdæ:n pian]
Bis um sieben.	**Nähdään seitsemältä.** [næhdæ:n sejtsemæltæ]

Viel Spaß!	**Pitäkää hauskaa!** [pitækæ: hauska:!]
Wir sprechen später.	**Jutellaan myöhemmin.** [jutella:n myøhemmin]
Ich wünsche Ihnen ein schönes Wochenende.	**Hyvää viikonloppua!** [hyʋæ: ʋi:konloppua!]
Gute Nacht.	**Hyvää yötä.** [hyʋæ: yøtæ]

Es ist Zeit, dass ich gehe.	**Minun on aika lähteä.** [minun on ajka læhteæ]
Ich muss gehen.	**Minun täytyy lähteä.** [minun tæyty: læhteæ]
Ich bin gleich wieder da.	**Tulen kohta takaisin.** [tulen kohta takajsin]

Es ist schon spät.	**On myöhä.** [on myøhæ]
Ich muss früh aufstehen.	**Minun täytyy nousta aikaisin.** [minun tæyty: nousta ajkajsin]
Ich reise morgen ab.	**Lähden huomenna.** [læhden huomenna]
Wir reisen morgen ab.	**Lähdemme huomenna.** [læhdemme huomenna]

Ich wünsche Ihnen eine gute Reise!	**Hyvää matkaa!** [hyʋæ: matka:!]
Hat mich gefreut, Sie kennen zu lernen.	**Oli mukava tavata.** [oli mukaʋa taʋata]
Hat mich gefreut mit Ihnen zu sprechen.	**Oli mukava jutella.** [oli mukaʋa jutella]
Danke für alles.	**Kiitos kaikesta.** [ki:tos kajkesta]

Ich hatte eine sehr gute Zeit.

Minulla oli tosi hauskaa.
[minulla oli tosi hauska:]

Wir hatten eine sehr gute Zeit.

Meillä oli tosi hauskaa.
[mejllæ oli tosi hauska:]

Es war wirklich toll.

Se oli tosi mahtavaa.
[se oli tosi mahtava:]

Ich werde Sie vermissen.

Tulen kaipaamaan sinua.
[tulen kajpa:ma:n sinua]

Wir werden Sie vermissen.

Tulemme kaipaamaan sinua /teitä/.
[tulemme kajpa:ma:n sinua /tejtæ/]

Viel Glück!

Onnea matkaan!
[onnea matka:n!]

Grüßen Sie …

Kerro terveisiä …
[kerro teruejsiæ …]

Fremdsprache

Ich verstehe nicht.	**En ymmärrä.** [en ymmærræ]
Schreiben Sie es bitte auf.	**Voisitko kirjoittaa sen.** [ʋojsitko kirjoitta: sen]
Sprechen Sie …?	**Puhutko …?** [puhutko …?]

Ich spreche ein bisschen …	**Puhun vähän …** [puhun ʋæhæn …]
Englisch	**englantia** [eŋlantia]
Türkisch	**turkkia** [turkkia]
Arabisch	**arabiaa** [arabia:]
Französisch	**ranskaa** [ranska:]

Deutsch	**saksaa** [saksa:]
Italienisch	**italiaa** [italia:]
Spanisch	**espanjaa** [espanja:]
Portugiesisch	**portugalia** [portugalia]
Chinesisch	**kiinaa** [ki:na:]
Japanisch	**japania** [japania]

Können Sie das bitte wiederholen.	**Voisitko toistaa, kiitos.** [ʋojsitko tojsta:, ki:tos]
Ich verstehe.	**Ymmärrän.** [ymmærræn]
Ich verstehe nicht.	**En ymmärrä.** [en ymmærræ]
Sprechen Sie etwas langsamer.	**Voisitko puhua hitaammin.** [ʋojsitko puhua hita:mmin]

Ist das richtig?	**Onko tämä oikein?** [oŋko tæmæ ojkejn?]
Was ist das? (Was bedeutet das?)	**Mikä tämä on?** [mikæ tæmæ on?]

Entschuldigungen

Entschuldigen Sie bitte.

Anteeksi.
[ante:ksi]

Es tut mir leid.

Olen pahoillani.
[olen paĥojllani]

Es tut mir sehr leid.

Olen todella pahoillani.
[olen todella paĥojllani]

Es tut mir leid, das ist meine Schuld.

Anteeksi, se on minun vikani.
[ante:ksi, se on minun vikani]

Das ist mein Fehler.

Minun virheeni.
[minun virhe:ni]

Darf ich ...?

Saanko ...?
[sɑ:ŋko ...?]

Haben Sie etwas dagegen, wenn ich ...?

Haittaakko jos ...?
[hɑjttɑ:kko jos ...?]

Es ist okay.

Se on OK.
[se on ok]

Alles in Ordnung.

Ole hyvä.
[ole hyvæ]

Machen Sie sich keine Sorgen.

Ei tarvitse kiittää.
[ej tarvitse ki:ttæ:]

Einigung

Ja.	**Kyllä.** [kyllæ]
Ja, natürlich.	**Kyllä, varmasti.** [kyllæ, ʋɑrmɑsti]
Ok! (Gut!)	**OK! Hyvä!** [ok! hyʋæ!]
Sehr gut.	**Hyvä on.** [hyʋæ on]
Natürlich!	**Totta kai!** [tottɑ kɑj!]
Genau.	**Olen samaa mieltä.** [olen sɑmɑ: mieltæ]
Das stimmt.	**Näin se on.** [næjn se on]
Das ist richtig.	**Juuri niin.** [ju:ri ni:n]
Sie haben Recht.	**Olet oikeassa.** [olet ojkeɑssɑ]
Ich habe nichts dagegen.	**Ei se minua haittaa.** [ej se minuɑ hɑjttɑ:]
Völlig richtig.	**Täysin oikein.** [tæysin ojkejn]
Das kann sein.	**Se on mahdollista.** [se on mɑhdollistɑ]
Das ist eine gute Idee.	**Tuo on hyvä idea.** [tuo on hyʋæ ideɑ]
Ich kann es nicht ablehnen.	**En voi kieltäytyä.** [en ʋoj kieltæytyæ]
Ich würde mich freuen.	**Mielelläni.** [mielellæni]
Gerne.	**Mielihyvin.** [mielihyʋin]

51

Ablehnung. Äußerung von Zweifel

Nein.	**Ei.** [ej]
Natürlich nicht.	**Ei todellakaan.** [ej todellɑkɑ:n]
Ich stimme nicht zu.	**En ole samaa mieltä.** [en ole sɑmɑ: mieltæ]
Das glaube ich nicht.	**En usko.** [en usko]
Das ist falsch.	**Se ei ole totta.** [se ej ole tottɑ]

Sie liegen falsch.	**Olet väärässä.** [olet ʋæ:ræssæ]
Ich glaube, Sie haben Unrecht.	**Luulen, että olet väärässä.** [lu:len, ettæ olet ʋæ:ræssæ]
Ich bin nicht sicher.	**En ole varma.** [en ole ʋɑrmɑ]
Das ist unmöglich.	**Se on mahdotonta.** [se on mɑhdotontɑ]
Nichts dergleichen!	**Ei mitään sellaista!** [ej mitæ:n sellɑjstɑ!]

Im Gegenteil!	**Täysin päinvastoin.** [tæysin pæjnʋɑstojn]
Ich bin dagegen.	**Vastustan sitä.** [ʋɑstustɑn sitæ]
Es ist mir egal.	**En välitä.** [en ʋælitæ]
Keine Ahnung.	**Minulla ei ole aavistustakaan.** [minullɑ ej ole ɑ:ʋistustɑkɑ:n]
Ich bezweifle, dass es so ist.	**Epäilen sitä.** [epæjlen sitæ]

Es tut mir leid, ich kann nicht.	**Olen pahoillani, mutta en voi.** [olen pɑhojllɑni, muttɑ en ʋoj]
Es tut mir leid, ich möchte nicht.	**Olen pahoillani, mutta en halua.** [olen pɑhojllɑni, muttɑ en hɑluɑ]

Danke, das brauche ich nicht.	**Kiitos, mutta en tarvitse tätä.** [ki:tos, muttɑ en tɑrʋitse tætæ]
Es ist schon spät.	**Alkaa olla jo myöhä.** [ɑlkɑ: ollɑ jo myøhæ]

Ich muss früh aufstehen.

Minun täytyy nousta aikaisin.
[minun tæyty: nousta ajkajsin]

Mir geht es schlecht.

En voi hyvin.
[en ʋoj hyʋin]

Dankbarkeit ausdrücken

Danke.	**Kiitos.** [ki:tos]
Dankeschön.	**Tuhannet kiitokset.** [tuɦannet ki:tokset]
Ich bin Ihnen sehr verbunden.	**Arvostan sitä todella.** [arʋostan sitæ todella]
Ich bin Ihnen sehr dankbar.	**Olen tosi kiitollinen sinulle.** [olen tosi ki:tollinen sinulle]
Wir sind Ihnen sehr dankbar.	**Olemme tosi kiitollisia sinulle.** [olemme tosi ki:tollisia sinulle]

Danke, dass Sie Ihre Zeit geopfert haben.	**Kiitos ajastasi.** [ki:tos ajastasi]
Danke für alles.	**Kiitos kaikesta.** [ki:tos kajkesta]
Danke für ...	**Kiitos ...** [ki:tos ...]
Ihre Hilfe	**avustasi** [aʋustasi]
die schöne Zeit	**mukavasta ajasta** [mukaʋasta ajasta]

das wunderbare Essen	**ihanasta ateriasta** [iɦanasta ateriasta]
den angenehmen Abend	**mukavasta illasta** [mukaʋasta illasta]
den wunderschönen Tag	**ihanasta päivästä** [iɦanasta pæjʋæstæ]
die interessante Führung	**mahtavasta matkasta** [maɦtaʋasta matkasta]

Keine Ursache.	**Ei kestä.** [ej kestæ]
Nichts zu danken.	**Ole hyvä.** [ole hyʋæ]
Immer gerne.	**Eipä kestä.** [ejpæ kestæ]
Es freut mich, geholfen zu haben.	**Ilo on kokonaan minun puolellani.** [ilo on kokona:n minun puolellani]
Vergessen Sie es.	**Unohda se.** [unohda se]
Machen Sie sich keine Sorgen.	**Ei tarvitse kiittää.** [ej tarʋitse ki:ttæ:]

Glückwünsche. Beste Wünsche

Glückwunsch!	**Onnittelut!** [onnittelut!]
Alles gute zum Geburtstag!	**Hyvää syntymäpäivää!** [hyʊæ: syntymæpæjʊæ:!]
Frohe Weihnachten!	**Hyvää joulua!** [hyʊæ: joulua!]
Frohes neues Jahr!	**Onnellista Uutta Vuotta!** [onnellista u:tta ʊuotta!]

Frohe Ostern!	**Hyvää Pääsiäistä!** [hyʊæ: pæ:siæjstæ!]
Frohes Hanukkah!	**Onnellista Hanukka!** [onnellista hanukka!]

Ich möchte einen Toast ausbringen.	**Haluaisin ehdottaa maljaa.** [haluajsin ehdotta: malja:]
Auf Ihr Wohl!	**Kippis!** [kippis!]
Trinken wir auf …!	**Malja …!** [malja …!]
Auf unseren Erfolg!	**Menestykselle!** [menestykselle!]
Auf Ihren Erfolg!	**Menestyksellesi!** [menestyksellesi!]

Viel Glück!	**Onnea matkaan!** [onnea matku.ıi!]
Einen schönen Tag noch!	**Mukavaa päivää!** [mukaʊa: pæjʊæ:!]
Haben Sie einen guten Urlaub!	**Mukavaa lomaa!** [mukaʊa: loma:!]
Haben Sie eine sichere Reise!	**Turvallista matkaa!** [turʊallista matka:!]
Ich hoffe es geht Ihnen bald besser!	**Toivon että paranet pian!** [tojʊon ettæ paranet pian!]

Sozialisieren

Warum sind Sie traurig?	**Miksi olet surullinen?** [miksi olet surullinen?]
Lächeln Sie!	**Hymyile! Piristy!** [hymyile! piristy!]
Sind Sie heute Abend frei?	**Oletko vapaa tänä iltana?** [oletko ʋɑpɑː tænæ iltɑnɑ?]

Darf ich Ihnen was zum Trinken anbieten?	**Voinko tarjota sinulle juotavaa?** [ʋojŋko tɑrjotɑ sinulle juotɑʋɑː?]
Möchten Sie tanzen?	**Haluaisitko tulla tanssimaan?** [hɑluɑjsitko tullɑ tɑnssimɑːn?]
Gehen wir ins Kino.	**Mennään elokuviin.** [mennæːn elokuʋiːn]

Darf ich Sie ins ... einladen?	**Saanko kutsua sinut ...?** [sɑːŋko kutsuɑ sinut ...?]
Restaurant	**ravintolaan** [rɑʋintolɑːn]
Kino	**elokuviin** [elokuʋiːn]
Theater	**teatteriin** [teɑtteriːn]
auf einen Spaziergang	**kävelylle** [kæʋelylle]

Um wie viel Uhr?	**Mihin aikaan?** [mihin ɑjkɑːn?]
heute Abend	**tänä iltana** [tænæ iltɑnɑ]
um sechs Uhr	**kuudelta** [kuːdeltɑ]
um sieben Uhr	**seitsemältä** [sejtsemæltæ]
um acht Uhr	**kahdeksalta** [kɑhdeksɑltɑ]
um neun Uhr	**yhdeksältä** [yhdeksæltæ]

Gefällt es Ihnen hier?	**Pidätkö tästä paikasta?** [pidætkø tæstæ pɑjkɑstɑ?]
Sind Sie hier mit jemandem?	**Oletko täällä jonkun kanssa?** [oletko tæːllæ joŋkun kɑnssɑ?]
Ich bin mit meinem Freund /meiner Freundin/.	**Olen ystäväni kanssa.** [olen ystæʋæni kɑnssɑ]

Ich bin mit meinen Freunden.

Olen ystävieni kanssa.
[olen ystæʋieni kanssɑ]

Nein, ich bin alleine.

Ei, olen yksin.
[ej, olen yksin]

Hast du einen Freund?

Onko sinulla poikaystävää?
[oŋko sinulla pojka·ystæʋæ:?]

Ich habe einen Freund.

Minulla on poikaystävä.
[minulla on pojka·ystæʋæ]

Hast du eine Freundin?

Onko sinulla tyttöystävää?
[oŋko sinulla tyttø·ystæʋæ:?]

Ich habe eine Freundin.

Minulla on tyttöystävä.
[minulla on tyttø·ystæʋæ]

Kann ich dich nochmals sehen?

Saanko tavata sinut uudelleen?
[sɑ:ŋko tɑʋata sinut u:delle:n?]

Kann ich dich anrufen?

Saanko soittaa sinulle?
[sɑ:ŋko sojtta: sinulle?]

Ruf mich an.

Soita minulle.
[sojta minulle]

Was ist deine Nummer?

Mikä on puhelinnumerosi?
[mikæ on puɦelin·numerosi?]

Ich vermisse dich.

Kaipaan sinua.
[kajpɑ:n sinua]

Sie haben einen schönen Namen.

Sinulla on kaunis nimi.
[sinulla on kaunis nimi]

Ich liebe dich.

Rakastan sinua.
[rakastan sinua]

Willst du mich heiraten?

Menisitkö naimisiin kanssani?
[menisitkø najmisi:n kanssani?]

Sie machen Scherze!

Lasket leikkiä!
[lasket lejkkiæ!]

Ich habe nur gescherzt.

Lasken vain leikkiä.
[lasken ʋajn lejkkiæ]

Ist das Ihr Ernst?

Oletko tosissasi?
[oletko tosissasi?]

Das ist mein Ernst.

Olen tosissani.
[olen tosissani]

Echt?!

Ihanko totta?!
[iɦaŋko totta?!]

Das ist unglaublich!

Se on uskomatonta!
[se on uskomatonta!]

Ich glaube Ihnen nicht.

En usko sinua.
[en usko sinua]

Ich kann nicht.

En voi.
[en ʋoj]

Ich weiß nicht.

En tiedä.
[en tiedæ]

Ich verstehe Sie nicht.

En ymmärrä sinua.
[en ymmærræ sinua]

Bitte gehen Sie weg.

Ole hyvä mene pois.
[ole hyʋæ mene pojs]

Lassen Sie mich in Ruhe!

Jätä minut rauhaan!
[jætæ minut rɑuhɑːn!]

Ich kann ihn nicht ausstehen.

En voi sietää häntä.
[en ʋoj sietæː hæntæ]

Sie sind widerlich!

Olet inhottava!
[olet inhottɑʋɑ!]

Ich rufe die Polizei an!

Soitan poliisille!
[sojtɑn poliːsille!]

Gemeinsame Eindrücke. Emotionen

Das gefällt mir.	**Pidän siitä.** [pidæn si:tæ]
Sehr nett.	**Tosi kiva.** [tosi kiʋɑ]
Das ist toll!	**Sepä hienoa!** [sepæ hienoɑ!]
Das ist nicht schlecht.	**Ei huono.** [ej huono]

Das gefällt mir nicht.	**En pidä siitä.** [en pidæ si:tæ]
Das ist nicht gut.	**Se ei ole hyvä.** [se ej ole hyʋæ]
Das ist schlecht.	**Se on huono.** [se on huono]
Das ist sehr schlecht.	**Se on tosi huono.** [se on tosi huono]
Das ist widerlich.	**Se on inhottava.** [se on inhottɑʋɑ]

Ich bin glücklich.	**Olen onnellinen.** [olen onnellinen]
Ich bin zufrieden.	**Olen tyytyväinen.** [olen ty:tyʋæjnen]
Ich bin verliebt.	**Olen rakastunut.** [olen rɑkɑstunut]
Ich bin ruhig.	**Olen rauhallinen.** [olen rɑuɦɑllinen]
Ich bin gelangweilt.	**Olen tylsistynyt.** [olen tylsistynyt]

Ich bin müde.	**Olen väsynyt.** [olen ʋæsynyt]
Ich bin traurig.	**Olen surullinen.** [olen surullinen]
Ich habe Angst.	**Olen peloissani.** [olen pelojssɑni]

Ich bin wütend.	**Olen vihainen.** [olen ʋiɦɑjnen]
Ich mache mir Sorgen.	**Olen huolissani.** [olen huolissɑni]
Ich bin nervös.	**Olen hermostunut.** [olen hermostunut]

Ich bin eifersüchtig.

Olen mustasukkainen.
[olen mustasukkajnen]

Ich bin überrascht .

Olen yllättynyt.
[olen yllættynyt]

Es ist mir peinlich.

Olen hämilläni.
[olen hæmillæni]

Probleme. Unfälle

Ich habe ein Problem.	**Minulla on ongelma.** [minulla on oŋelma]
Wir haben Probleme.	**Meillä on ongelma.** [mejllæ on oŋelma]
Ich bin verloren.	**Olen eksynyt.** [olen eksynyt]
Ich habe den letzten Bus (Zug) verpasst.	**Myöhästyin viimeisestä bussista (junasta).** [myøhæstyin ʋi:mejsestæ bussista (junasta)]
Ich habe kein Geld mehr.	**Minulla ei ole ollenkaan rahaa jäljellä.** [minulla ej ole olleŋka:n raha: jæljellæ]

Ich habe mein ... verloren.	**Olen hukannut ...** [olen hukannut ...]
Jemand hat mein ... gestohlen.	**Joku varasti minun ...** [joku ʋarasti minun ...]
Reisepass	**passini** [passini]
Geldbeutel	**lompakkoni** [lompakkoni]
Papiere	**paperini** [paperini]
Fahrkarte	**lippuni** [lippuni]

Geld	**rahani** [rahani]
Tasche	**käsilaukkuni** [kæsilaukkuni]
Kamera	**kamerani** [kamerani]
Laptop	**kannettava tietokone** [kannettaʋa tietokone]
Tabletcomputer	**tablettini** [tablettini]
Handy	**kännykkäni** [kænnykkæni]

Hilfe!	**Auta minua!** [auta minua!]
Was ist passiert?	**Mitä on tapahtunut?** [mitæ on tapahtunut?]

Feuer	**tulipalo** [tulipalo]
Schießerei	**ampuminen** [ampuminen]
Mord	**murha** [murha]
Explosion	**räjähdys** [ræjæhdys]
Schlägerei	**tappelu** [tappelu]

Rufen Sie die Polizei!	**Soita poliisille!** [sojta poli:sille!]
Beeilen Sie sich!	**Pidä kiirettä!** [pidæ ki:rettæ!]
Ich suche nach einer Polizeistation.	**Etsin poliisiasemaa.** [etsin poli:si·asema:]
Ich muss einen Anruf tätigen.	**Minun täytyy soittaa.** [minun tæyty: sojtta:]
Kann ich Ihr Telefon benutzen?	**Saanko käyttää puhelintasi?** [sa:ŋko kæyttæ: puhelintasi?]

Ich wurde ...	**Minut on ...** [minut on ...]
ausgeraubt	**ryöstetty** [ryøstetty]
überfallen	**ryöstetty** [ryøstetty]
vergewaltigt	**raiskattu** [rajskattu]
angegriffen	**pahoinpidelty** [pahojnpidelty]

Ist bei Ihnen alles in Ordnung?	**Oletko kunnossa?** [oletko kunnossa?]
Haben Sie gesehen wer es war?	**Näitkö, kuka se oli?** [næjtkø, kuka se oli?]
Sind Sie in der Lage die Person wiederzuerkennen?	**Pystyisitkö tunnistamaan henkilön?** [pystyisitkø tunnistama:n heŋkiløn?]
Sind sie sicher?	**Oletko varma?** [oletko varma?]

Beruhigen Sie sich bitte!	**Rauhoitu.** [rauhojtu]
Ruhig!	**Rentoudu!** [rentoudu!]
Machen Sie sich keine Sorgen	**Älä huolehdi!** [ælæ huolehdi!]
Alles wird gut.	**Kaikki järjestyy.** [kajkki jærjesty:]
Alles ist in Ordnung.	**Kaikki on kunnossa.** [kajkki on kunnossa]

Kommen Sie bitte her.

Tule tänne.
[tule tænne]

Ich habe einige Fragen für Sie.

Minulla on joitakin kysymyksiä sinulle.
[minulla on joitakin kysymyksiæ sinulle]

Warten Sie einen Moment bitte.

Odota hetki.
[odota hetki]

Haben Sie einen
Identifikationsnachweis?

Onko sinulla henkilötodistus?
[oŋko sinulla heŋkilø·todistus?]

Danke. Sie können nun gehen.

Kiitos. Voit nyt lähteä.
[ki:tos. ʋojt nyt læhteæ]

Hände hinter dem Kopf!

Kädet pään taakse!
[kædet pæ:n tɑ:kse!]

Sie sind verhaftet!

Sinut on pidätetty!
[sinut on pidætetty!]

Gesundheitsprobleme

Helfen Sie mir bitte.	**Voisitko auttaa minua.** [ʋojsitko autta: minua]
Mir ist schlecht.	**En voi hyvin.** [en ʋoj hyʋin]
Meinem Ehemann ist schlecht.	**Mieheni ei voi hyvin.** [mieɦeni ej ʋoj hyʋin]
Mein Sohn ...	**Poikani ...** [pojkani ...]
Mein Vater ...	**Isäni ...** [isæni ...]

Meine Frau fühlt sich nicht gut.	**Vaimoni ei voi hyvin.** [ʋajmoni ej ʋoj hyʋin]
Meine Tochter ...	**Tyttäreni ...** [tyttæreni ...]
Meine Mutter ...	**Äitini ...** [æjtini ...]

Ich habe ... schmerzen.	**Minulla on ...** [minulla on ...]
Kopf-	**päänsärky** [pæ:nsærky]
Hals-	**kipeä kurkku** [kipeæ kurkku]
Bauch-	**vatsakipu** [ʋatsakipu]
Zahn-	**hammassärky** [hammas·særky]

Mir ist schwindelig.	**Minua huimaa.** [minua hujma:]
Er hat Fieber.	**Hänellä on kuumetta.** [hænellæ on ku:metta]
Sie hat Fieber.	**Hänellä on kuumetta.** [hænellæ on ku:metta]
Ich kann nicht atmen.	**En voi hengittää.** [en ʋoj heŋittæ:]

Ich kriege keine Luft.	**Olen hengästynyt.** [olen heŋæstynyt]
Ich bin Asthmatiker.	**Minulla on astma.** [minulla on astma]
Ich bin Diabetiker /Diabetikerin/	**Minulla on diabetes.** [minulla on diabetes]

Ich habe Schlaflosigkeit.

En voi nukkua.
[en ʋoj nukkuɑ]

Lebensmittelvergiftung

ruokamyrkytys
[ruokɑ·myrkytys]

Es tut hier weh.

Minua sattuu tästä.
[minuɑ sɑttu: tæstæ]

Hilfe!

Auta minua!
[ɑutɑ minuɑ!]

Ich bin hier!

Olen täällä!
[olen tæːllæ!]

Wir sind hier!

Olemme täällä!
[olemme tæːllæ!]

Bringen Sie mich hier raus!

Päästä minut pois täältä!
[pæːstæ minut pojs tæːltæ!]

Ich brauche einen Arzt.

Tarvitsen lääkärin.
[tɑrʋitsen læːkærin]

Ich kann mich nicht bewegen.

En voi liikkua.
[en ʋoj liːkkuɑ]

Ich kann meine Beine nicht bewegen.

En voi liikuttaa jalkojani.
[en ʋoj liːkuttɑ: jɑlkojɑni]

Ich habe eine Wunde.

Minulla on haava.
[minullɑ on hɑːʋɑ]

Ist es ernst?

Onko se vakavaa?
[oŋko se ʋɑkɑʋɑː?]

Meine Dokumente sind in meiner Hosentasche.

Asiakirjani ovat taskussani.
[ɑsiɑkirjɑni oʋɑt tɑskussɑni]

Beruhigen Sie sich!

Rauhoitu!
[rɑuɦojtu!]

Kann ich Ihr Telefon benutzen?

Saanko käyttää puhelintasi?
[sɑːŋko kæyttæː puɦelintɑsi?]

Rufen Sie einen Krankenwagen!

Soita ambulanssi!
[sojtɑ ɑmbulɑnssi!]

Es ist dringend!

Tämä on kiireellistä!
[tæmæ on kiːreːllistæ!]

Es ist ein Notfall!

Tämä on hätätilanne!
[tæmæ on hætætilɑnne!]

Schneller bitte!

Pidä kiirettä!
[pidæ kiːrettæ!]

Können Sie bitte einen Arzt rufen?

Soittaisitko lääkärin?
[sojttɑjsitko læːkærin?]

Wo ist das Krankenhaus?

Missä sairaala on?
[missæ sɑjrɑːlɑ on?]

Wie fühlen Sie sich?

Kuinka voit?
[kujŋkɑ ʋojt?]

Ist bei Ihnen alles in Ordnung?

Oletko kunnossa?
[oletko kunnossɑ?]

Was ist passiert?

Mitä on tapahtunut?
[mitæ on tɑpɑhtunut?]

Mir geht es schon besser.

Voin nyt paremmin.
[ʋojn nyt paremmin]

Es ist in Ordnung.

Se on okei.
[se on okej]

Alles ist in Ordnung.

Se on hyvä.
[se on hyʋæ]

In der Apotheke

Apotheke	**apteekki** [ɑpteːkki]
24 Stunden Apotheke	**päivystävä apteekki** [pæjʊystæʊæ ɑpteːkki]
Wo ist die nächste Apotheke?	**Missä on lähin apteekki?** [missæ on læhin ɑpteːkki?]

Ist sie jetzt offen?	**Onko se nyt auki?** [oŋko se nyt ɑuki?]
Um wie viel Uhr öffnet sie?	**Milloin se aukeaa?** [millojn se ɑukeɑː?]
Um wie viel Uhr schließt sie?	**Milloin se menee kiinni?** [millojn se meneː kiːnni?]

Ist es weit?	**Onko se kaukana?** [oŋko se kaukɑnɑ?]
Kann ich dort zu Fuß hingehen?	**Voiko sinne kävellä?** [ʊojko sinne kæʊellæ?]
Können Sie es mir auf der Karte zeigen?	**Voitko näyttää minulle kartalta?** [ʊojtko næyttæ: minulle kɑrtɑltɑ?]

Bitte geben sie mir etwas gegen …	**Voisitko antaa minulle jotakin …** [ʊojsitko ɑntɑ: minulle jotakin …]
Kopfschmerzen	**päänsärkyyn** [pæːnsærkyːn]
Husten	**yskään** [yskæːn]
eine Erkältung	**vilustumiseen** [ʊilustumiseːn]
die Grippe	**flunssaan** [flunssɑːn]

Fieber	**kuumeeseen** [kuːmeːseːn]
Magenschmerzen	**vatsakipuun** [ʊɑtsɑkipuːn]
Übelkeit	**pahoinvointiin** [pɑhojnʊojntiːn]
Durchfall	**ripuliin** [ripuliːn]
Verstopfung	**ummetukseen** [ummetukseːn]
Rückenschmerzen	**selkäkipuun** [selkæ·kipuːn]

Brustschmerzen	**rintakipuun** [rinta·kipu:n]
Seitenstechen	**pistävään kipuun kyljessä** [pistæʋæ:n kipu:n kyljessæ]
Bauchschmerzen	**vatsakipuun** [ʋatsɑkipu:n]

Pille	**pilleri** [pilleri]
Salbe, Creme	**voide** [ʋojde]
Sirup	**nestemäinen lääke** [nestemæjnen læ:ke]
Spray	**suihke** [sujhke]
Tropfen	**tipat** [tipɑt]

Sie müssen ins Krankenhaus gehen.	**Sinun täytyy mennä sairaalaan.** [sinun tæyty: mennæ sɑjrɑ:lɑ:n]
Krankenversicherung	**vakuutus** [ʋɑku:tus]
Rezept	**resepti** [resepti]
Insektenschutzmittel	**hyönteiskarkote** [hyøntejs·kɑrkote]
Pflaster	**laastari** [lɑ:stɑri]

Das absolute Minimum

Entschuldigen Sie bitte, …	**Anteeksi, …** [ɑnteːksi, …]
Hallo.	**Hei.** [hej]
Danke.	**Kiitos.** [kiːtos]
Auf Wiedersehen.	**Näkemiin.** [nækemiːn]
Ja.	**Kyllä.** [kyllæ]
Nein.	**Ei.** [ej]
Ich weiß nicht.	**En tiedä.** [en tiedæ]
Wo? | Wohin? | Wann?	**Missä? | Minne? | Milloin?** [missæ? | minne? | millojn?]

Ich brauche …	**Tarvitsen …** [tɑrʋitsen …]
Ich möchte …	**Haluan …** [hɑluɑn …]
Haben Sie …?	**Onko sinulla …?** [oŋko sinulla …?]
Gibt es hier …?	**Onko täällä …?** [oŋko tæːllæ …?]
Kann ich …?	**Voinko …?** [ʋojŋko …?]
Bitte (anfragen)	**…, kiitos** […, kiːtos]

Ich suche …	**Etsin …** [etsin …]
die Toilette	**WC** [ʋese]
den Geldautomat	**pankkiautomaatti** [pɑŋkki·ɑutomɑːtti]
die Apotheke	**apteekki** [ɑpteːkki]
das Krankenhaus	**sairaala** [sɑjrɑːlɑ]
die Polizeistation	**poliisiasema** [poliːsi·ɑsemɑ]
die U-Bahn	**metro** [metro]

das Taxi	**taksi** [taksi]
den Bahnhof	**rautatieasema** [rautatie·asema]

Ich heiße …	**Nimeni on …** [nimeni on …]
Wie heißen Sie?	**Mikä sinun nimesi on?** [mikæ sinun nimesi on?]
Helfen Sie mir bitte.	**Voisitko auttaa minua?** [ʋojsitko autta: minua?]
Ich habe ein Problem.	**Minulla on ongelma.** [minulla on oŋelma]
Mir ist schlecht.	**En voi hyvin.** [en ʋoj hyʋin]
Rufen Sie einen Krankenwagen!	**Soita ambulanssi!** [sojta ambulanssi!]
Darf ich telefonieren?	**Voisinko soittaa?** [ʋojsiŋko sojtta:?]

Entschuldigung.	**Olen pahoillani.** [olen paɦojllani]
Keine Ursache.	**Ole hyvä.** [ole hyʋæ]

ich	**minä	mä** [minæ	mæ]
du	**sinä	sä** [sinæ	sæ]
er	**hän	se** [hæn	se]
sie	**hän	se** [hæn	se]
sie (Pl, Mask.)	**he	ne** [he	ne]
sie (Pl, Fem.)	**he	ne** [he	ne]
wir	**me** [me]
ihr	**te** [te]
Sie	**sinä** [sinæ]

EINGANG	**SISÄÄN** [sisæ:n]
AUSGANG	**ULOS** [ulos]
AUßER BETRIEB	**EPÄKUNNOSSA** [epækunnossa]
GESCHLOSSEN	**SULJETTU** [suljettu]

OFFEN

AVOIN
[aʋojn]

FÜR DAMEN

NAISILLE
[nɑjsille]

FÜR HERREN

MIEHILLE
[mieɦille]

AKTUELLES VOKABULAR

Dieser Teil beinhaltet mehr als 3.000 der wichtigsten Wörter. Das Wörterbuch wird Ihnen wertvolle Unterstützung während Ihrer Reise bieten, weil einzelne, häufig benutzte Wörter genug sind, damit Sie verstanden werden. Das Wörterbuch beinhaltet eine praktische Transkription jedes Fremdworts

T&P Books Publishing

INHALT WÖRTERBUCH

T&P Books Publishing

GRUNDBEGRIFFE

T&P Books Publishing

1. Pronomen

ich	minä	[minæ]
du	sinä	[sinæ]

er	hän	[hæn]
sie	hän	[hæn]
es	se	[se]

wir	me	[me]
ihr	te	[te]
sie	he	[he]

2. Grüße. Begrüßungen

Hallo! (ugs.)	Hei!	[hej]
Hallo! (Amtsspr.)	Hei!	[hej]
Guten Morgen!	Hyvää huomenta!	[hyʋæ: huomenta]
Guten Tag!	Hyvää päivää!	[hyʋæ: pæjʋæ:]
Guten Abend!	Hyvää iltaa!	[hyʋæ: ilta:]

grüßen (vi, vt)	tervehtiä	[terʋehtiæ]
Hallo! (ugs.)	Moi!	[moj]
Gruß (m)	tervehdys	[terʋehdys]
begrüßen (vt)	tervehtiä	[terʋehtiæ]
Wie geht's?	Mitä kuuluu?	[mitæ ku:lu:]
Was gibt es Neues?	Mitä on uutta?	[mitæ on u:tta]

Auf Wiedersehen!	Näkemiin!	[nækemi:n]
Bis bald!	Pikaisiin näkemiin!	[pikajsi:n nækemi:n]
Lebe wohl!	Hyvästi!	[hyʋæsti]
Leben Sie wohl!		

sich verabschieden	hyvästellä	[hyʋæstellæ]
Tschüs!	Hei hei!	[hej hej]

Danke!	Kiitos!	[ki:tos]
Dankeschön!	Paljon kiitoksia!	[paljon ki:toksia]
Bitte (Antwort)	Ole hyvä	[ole hyʋæ]
Keine Ursache.	Ei kestä kiittää	[ej kestæ ki:ttæ:]
Nichts zu danken.	Ei kestä	[ej kestæ]

Entschuldigen Sie!	Anteeksi!	[ante:ksi]
entschuldigen (vt)	antaa anteeksi	[anta: ante:ksi]
sich entschuldigen	pyytää anteeksi	[py:tæ: ante:ksi]

Verzeihung!	Pyydän anteeksi	[py:dæn ɑnte:ksi]
Es tut mir leid!	Anteeksi!	[ɑnte:ksi]
verzeihen (vt)	antaa anteeksi	[ɑntɑ: ɑnte:ksi]
bitte (Die Rechnung, ~!)	ole hyvä	[ole hyʋæ]

Nicht vergessen!	Älkää unohtako!	[ælkæ: unohtɑko]
Natürlich!	Tietysti!	[tietysti]
Natürlich nicht!	Eipä tietenkään!	[ejpæ tieteŋkæ:n]
Gut! Okay!	Olen samaa mieltä!	[olen sɑmɑ: mieltæ]
Es ist genug!	Riittää!	[ri:ttæ:]

3. Fragen

Wer?	Kuka?	[kukɑ]
Was?	Mikä?	[mikæ]
Wo?	Missä?	[missæ]
Wohin?	Mihin?	[miɦin]
Woher?	Mistä?	[mistæ]
Wann?	Milloin?	[millojn]
Wozu?	Mitä varten?	[mitæ ʋɑrten]
Warum?	Miksi?	[miksi]

Wofür?	Minkä vuoksi?	[miŋkæ ʋuoksi]
Wie?	Miten?	[miten]
Welcher?	Millainen?	[millɑjnen]

Wem?	Kenelle?	[kenelle]
Über wen?	Kenestä?	[kenestæ]
Wovon? (~ sprichst du?)	Mistä?	[mistæ]
Mit wem?	Kenen kanssa?	[kenen kɑnssɑ]

Wie viele?	Kuinka monta?	[kuiŋkɑ montɑ]
Wie viel?	Kuinka paljon?	[kujŋkɑ pɑljon]
Wessen?	Kenen?	[kenen]

4. Präpositionen

mit (Frau ~ Katzen)	kanssa	[kɑnssɑ]
ohne (~ Dich)	ilman	[ilmɑn]
nach (~ London)	... ssa, ... ssä	[ssɑ], [ssæ]
über	... sta, ... stä	[stɑ], [stæ]
(~ Geschäfte sprechen)		
vor (z.B. ~ acht Uhr)	ennen	[ennen]
vor (z.B. ~ dem Haus)	edessä	[edessæ]

unter (~ dem Schirm)	alla	[ɑllɑ]
über	yllä	[yllæ]
(~ dem Meeresspiegel)		

auf (~ dem Tisch)	päällä	[pæ:llæ]
aus (z.B. ~ München)	... sta, ... stä	[stɑ], [stæ]
aus (z.B. ~ Porzellan)	... sta, ... stä	[stɑ], [stæ]
in (~ zwei Tagen)	päästä	[pæ:stæ]
über (~ zaun)	yli	[yli]

5. Funktionswörter. Adverbien. Teil 1

Wo?	**Missä?**	[missæ]
hier	**täällä**	[tæ:llæ]
dort	**siellä**	[siellæ]
irgendwo	**jossain**	[jossɑjn]
nirgends	**ei missään**	[ej missæ:n]
an (bei)	**luona**	[luonɑ]
am Fenster	**ikkunan vieressä**	[ikkunɑn ʋæressæ]
Wohin?	**Mihin?**	[mihin]
hierher	**tänne**	[tænne]
dahin	**tuonne**	[tuonne]
von hier	**täältä**	[tæ:ltæ]
von da	**sieltä**	[sieltæ]
nah (Adv)	**lähellä**	[læhellæ]
weit, fern (Adv)	**kaukana**	[kɑukɑnɑ]
in der Nähe von ...	**luona**	[luonɑ]
in der Nähe	**vieressä**	[ʋieressæ]
unweit (~ unseres Hotels)	**lähelle**	[læhelle]
link (Adj)	**vasen**	[ʋɑsen]
links (Adv)	**vasemmalla**	[ʋɑsemmɑllɑ]
nach links	**vasemmalle**	[ʋɑsemmɑlle]
recht (Adj)	**oikea**	[ojkeɑ]
rechts (Adv)	**oikealla**	[ojkeɑllɑ]
nach rechts	**oikealle**	[ojkeɑlle]
vorne (Adv)	**edessä**	[edessæ]
Vorder-	**etumainen**	[etumɑjnen]
vorwärts	**eteenpäin**	[ete:npæjn]
hinten (Adv)	**takana**	[tɑkɑnɑ]
von hinten	**takaa**	[tɑkɑ:]
rückwärts (Adv)	**takaisin**	[tɑkɑjsin]
Mitte (f)	**keskikohta**	[keski·kohtɑ]
in der Mitte	**keskellä**	[keskellæ]

seitlich (Adv)	sivulta	[sivulta]
überall (Adv)	kaikkialla	[kajkkialla]
ringsherum (Adv)	ympärillä	[ympærillæ]

von innen (Adv)	sisäpuolelta	[sisæ·puolelta]
irgendwohin (Adv)	jonnekin	[jonnekin]
geradeaus (Adv)	suoraan	[suora:n]
zurück (Adv)	takaisin	[takajsin]

| irgendwoher (Adv) | jostakin | [jostakin] |
| von irgendwo (Adv) | jostakin | [jostakin] |

erstens	ensiksi	[ensiksi]
zweitens	toiseksi	[tojseksi]
drittens	kolmanneksi	[kolmanneksi]

plötzlich (Adv)	äkkiä	[ækkiæ]
zuerst (Adv)	alussa	[alussa]
zum ersten Mal	ensi kerran	[ensi kerran]
lange vor...	kauan ennen kuin	[kauan ennen kuin]
von Anfang an	uudestaan	[u:desta:n]
für immer	pysyvästi	[pysyvæsti]

nie (Adv)	ei koskaan	[ej koska:n]
wieder (Adv)	taas	[ta:s]
jetzt (Adv)	nyt	[nyt]
oft (Adv)	usein	[usejn]
damals (Adv)	silloin	[sillojn]
dringend (Adv)	kiireellisesti	[ki:re:llisesti]
gewöhnlich (Adv)	tavallisesti	[tavallisesti]

übrigens, ...	muuten	[mu:ten]
möglicherweise (Adv)	ehkä	[ehkæ]
wahrscheinlich (Adv)	todennäköisesti	[toden·nækøjsesti]
vielleicht (Adv)	ehkä	[ehkæ]
außerdem ...	sitä paitsi, ...	[sitæ pajtsi]
deshalb ...	siksi	[siksi]
trotz ...	huolimatta	[huolimatta]
dank ...	avulla	[avulla]

was (~ ist denn?)	mikä	[mikæ]
das (~ ist alles)	että	[ettæ]
etwas	jokin	[jokin]
irgendwas	jotakin	[jotakin]
nichts	ei mitään	[ej mitæ:n]

wer (~ ist ~?)	kuka	[kuka]
jemand	joku	[joku]
irgendwer	joku	[joku]

| niemand | ei kukaan | [ej kuka:n] |
| nirgends | ei mihinkään | [ej mihiŋkæ:n] |

| niemandes (~ Eigentum) | ei kenenkään | [ej keneŋkæ:n] |
| jemandes | jonkun | [joŋkun] |

so (derart)	niin	[ni:n]
auch	myös	[myøs]
ebenfalls	myös	[myøs]

6. Funktionswörter. Adverbien. Teil 2

Warum?	Miksi?	[miksi]
aus irgendeinem Grund	jostain syystä	[jostɑjn sy:stæ]
weil ...	koska	[koskɑ]
zu irgendeinem Zweck	jonkin vuoksi	[joŋkin ʋuoksi]

und	ja	[jɑ]
oder	tai	[tɑj]
aber	mutta	[muttɑ]
für (präp)	varten	[ʋɑrten]

zu (~ viele)	liian	[li:ɑn]
nur (~ einmal)	vain	[ʋɑjn]
genau (Adv)	tarkasti	[tɑrkɑsti]
etwa	noin	[nojn]

ungefähr (Adv)	likimäärin	[likimæ:rin]
ungefähr (Adj)	likimääräinen	[likimæ:ræjnen]
fast	melkein	[melkejn]
Übrige (n)	loput	[loput]

jeder (~ Mann)	joka	[jokɑ]
beliebig (Adj)	jokainen	[jokɑjnen]
viel	paljon	[pɑljon]
viele Menschen	monet	[monet]
alle (wir ~)	kaikki	[kɑjkki]

im Austausch gegen ...	sen vastineeksi	[sen ʋɑstine:ksi]
dafür (Adv)	sijaan	[sijɑ:n]
mit der Hand (Hand-)	käsin	[kæsin]
schwerlich (Adv)	tuskin	[tuskin]

wahrscheinlich (Adv)	varmaan	[ʋɑrmɑ:n]
absichtlich (Adv)	tahallaan	[tɑɦɑllɑ:n]
zufällig (Adv)	sattumalta	[sɑttumɑltɑ]

sehr (Adv)	erittäin	[erittæjn]
zum Beispiel	esimerkiksi	[esimerkiksi]
zwischen	välillä	[ʋælillæ]
unter (Wir sind ~ Mördern)	keskuudessa	[kesku:dessɑ]
so viele (~ Ideen)	niin monta, niin paljon	[ni:n montɑ], [ni:n pɑljon]
besonders (Adv)	erikoisesti	[erikojsesti]

ZAHLEN. VERSCHIEDENES

T&P Books Publishing

null	**nolla**	[nolla]
eins	**yksi**	[yksi]
zwei	**kaksi**	[kaksi]
drei	**kolme**	[kolme]
vier	**neljä**	[neljæ]

fünf	**viisi**	[ʋiːsi]
sechs	**kuusi**	[kuːsi]
sieben	**seitsemän**	[sejtsemæn]
acht	**kahdeksan**	[kahdeksan]
neun	**yhdeksän**	[yhdeksæn]

zehn	**kymmenen**	[kymmenen]
elf	**yksitoista**	[yksi·tojsta]
zwölf	**kaksitoista**	[kaksi·tojsta]
dreizehn	**kolmetoista**	[kolme·tojsta]
vierzehn	**neljätoista**	[neljæ·tojsta]

fünfzehn	**viisitoista**	[ʋiːsi·tojsta]
sechzehn	**kuusitoista**	[kuːsi·tojsta]
siebzehn	**seitsemäntoista**	[sejtsemæn·tojsta]
achtzehn	**kahdeksantoista**	[kahdeksan·tojsta]
neunzehn	**yhdeksäntoista**	[yhdeksæn·tojsta]

zwanzig	**kaksikymmentä**	[kaksi·kymmentæ]
einundzwanzig	**kaksikymmentäyksi**	[kaksi·kymmentæ·yksi]
zweiundzwanzig	**kaksikymmentäkaksi**	[kaksi·kymmentæ·kaksi]
dreiundzwanzig	**kaksikymmentäkolme**	[kaksi·kymmentæ·kolme]

dreißig	**kolmekymmentä**	[kolme·kymmentæ]
einunddreißig	**kolmekymmentäyksi**	[kolme·kymmentæ·yksi]
zweiunddreißig	**kolmekymmentäkaksi**	[kolme·kymmentæ·kaksi]
dreiunddreißig	**kolmekymmentäkolme**	[kolme·kymmentæ·kolme]

vierzig	**neljäkymmentä**	[neljæ·kymmentæ]
einundvierzig	**neljäkymmentäyksi**	[neljæ·kymmentæ·yksi]
zweiundvierzig	**neljäkymmentäkaksi**	[neljæ·kymmentæ·kaksi]
dreiundvierzig	**neljäkymmentäkolme**	[neljæ·kymmentæ·kolme]

fünfzig	**viisikymmentä**	[ʋiːsi·kymmentæ]
einundfünfzig	**viisikymmentäyksi**	[ʋiːsi·kymmentæ·yksi]
zweiundfünfzig	**viisikymmentäkaksi**	[ʋiːsi·kymmentæ·kaksi]
dreiundfünfzig	**viisikymmentäkolme**	[ʋiːsi·kymmentæ·kolme]
sechzig	**kuusikymmentä**	[kuːsi·kymmentæ]

einundsechzig	kuusikymmentäyksi	[ku:si·kymmentæ·yksi]
zweiundsechzig	kuusikymmentäkaksi	[ku:si·kymmentæ·kaksi]
dreiundsechzig	kuusikymmentäkolme	[ku:si·kymmentæ·kolme]
siebzig	seitsemänkymmentä	[sejtsemæn·kymmentæ]
einundsiebzig	seitsemänkymmentä-yksi	[sejtsemæn·kymmentæ yksi]
zweiundsiebzig	seitsemänkymmentä-kaksi	[sejtsemæn·kymmentæ kaksi]
dreiundsiebzig	seitsemänkymmentä-kolme	[sejtsemæn·kymmentæ kolme]
achtzig	kahdeksankymmentä	[kahdeksan·kymmentæ]
einundachtzig	kahdeksankymmentä-yksi	[kahdeksan·kymmentæ yksi]
zweiundachtzig	kahdeksankymmentä-kaksi	[kahdeksan·kymmentæ kaksi]
dreiundachtzig	kahdeksankymmentä-kolme	[kahdeksan·kymmentæ kolme]
neunzig	yhdeksänkymmentä	[yhdeksæn·kymmentæ]
einundneunzig	yhdeksänkymmentä-yksi	[yhdeksæn·kymmentæ yksi]
zweiundneunzig	yhdeksänkymmentä-kaksi	[yhdeksæn·kymmentæ kaksi]
dreiundneunzig	yhdeksänkymmentä-kolme	[yhdeksæn·kymmentæ kolme]

8. Grundzahlen. Teil 2

einhundert	sata	[sata]
zwelhundert	kaksisataa	[kaksi·sata:]
dreihundert	kolmesataa	[kolme·sata:]
vierhundert	neljäsataa	[neljæ·sata:]
fünfhundert	viisisataa	[ʋi:si·sata:]
sechshundert	kuusisataa	[ku:si·sata:]
siebenhundert	seitsemänsataa	[sejtsemæn·sata:]
achthundert	kahdeksansataa	[kahdeksan·sata:]
neunhundert	yhdeksänsataa	[yhdeksæn·sata:]
eintausend	tuhat	[tuhat]
zweitausend	kaksituhatta	[kaksi·tuhatta]
dreitausend	kolmetuhatta	[kolme·tuhatta]
zehntausend	kymmenentuhatta	[kymmenen·tuhatta]
hunderttausend	satatuhatta	[sata·tuhatta]
Million (f)	miljoona	[miljo:na]
Milliarde (f)	miljardi	[miljardi]

9. Ordnungszahlen

der erste	ensimmäinen	[ensimmæjnen]
der zweite	toinen	[tojnen]
der dritte	kolmas	[kolmɑs]
der vierte	neljäs	[neljæs]
der fünfte	viides	[ʋi:des]
der sechste	kuudes	[ku:des]
der siebte	seitsemäs	[sejtsemæs]
der achte	kahdeksas	[kɑhdeksɑs]
der neunte	yhdeksäs	[yhdeksæs]
der zehnte	kymmenes	[kymmenes]

FARBEN. MASSEINHEITEN

T&P Books Publishing

10. Farben

Farbe (f)	väri	[ʋæri]
Schattierung (f)	sävy, värisävy	[sæʋy], [ʋæri·sæʋy]
Farbton (m)	värisävy	[ʋæri·sæʋy]
Regenbogen (m)	sateenkaari	[sɑteːn·kɑːri]
weiß	valkoinen	[ʋalkojnen]
schwarz	musta	[musta]
grau	harmaa	[harmɑː]
grün	vihreä	[ʋihreæ]
gelb	keltainen	[keltajnen]
rot	punainen	[punajnen]
blau	sininen	[sininen]
hellblau	vaaleansininen	[ʋɑːlean·sininen]
rosa	vaaleanpunainen	[ʋɑːlean·punajnen]
orange	oranssi	[oranssi]
violett	violetti	[ʋioletti]
braun	ruskea	[ruskea]
golden	kultainen	[kultajnen]
silbrig	hopeinen	[hopejnen]
beige	beige	[bejge]
cremefarben	kermanvärinen	[kerman·ʋærinen]
türkis	turkoosi	[turkoːsi]
kirschrot	kirsikanpunainen	[kirsikan·punajnen]
lila	sinipunainen	[sini·punajnen]
himbeerrot	karmiininpunainen	[karmiːnen·punajnen]
hell	vaalea	[ʋɑːlea]
dunkel	tumma	[tumma]
grell	kirkas	[kirkas]
Farb- (z.B. -stifte)	väri-	[ʋæri]
Farb- (z.B. -film)	väri-	[ʋæri]
schwarz-weiß	mustavalkoinen	[musta·ʋalkojnen]
einfarbig	yksivärinen	[yksi·ʋærinen]
bunt	erivärinen	[eriʋærinen]

11. Maßeinheiten

Gewicht (n)	paino	[pajno]
Länge (f)	pituus	[pituːs]

Breite (f)	leveys	[leʋeys]
Höhe (f)	korkeus	[korkeus]
Tiefe (f)	syvyys	[syʋy:s]
Volumen (n)	tilavuus	[tilaʋu:s]
Fläche (f)	pinta-ala	[pinta·ala]

Gramm (n)	gramma	[gramma]
Milligramm (n)	milligramma	[milligramma]
Kilo (n)	kilo	[kilo]
Tonne (f)	tonni	[tonni]
Pfund (n)	pauna, naula	[pauna], [naula]
Unze (f)	unssi	[unssi]

Meter (m)	metri	[metri]
Millimeter (m)	millimetri	[millimetri]
Zentimeter (m)	senttimetri	[senttimetri]
Kilometer (m)	kilometri	[kilometri]
Meile (f)	peninkulma	[penin·kulma]

Zoll (m)	tuuma	[tu:ma]
Fuß (m)	jalka	[jalka]
Yard (n)	jaardi	[ja:rdi]

Quadratmeter (m)	neliömetri	[neliø·metri]
Hektar (n)	hehtaari	[hehta:ri]
Liter (m)	litra	[litra]
Grad (m)	aste	[aste]
Volt (n)	voltti	[ʋoltti]
Ampere (n)	ampeeri	[ampe:ri]
Pferdestärke (f)	hevosvoima	[heʋos·ʋojma]

Anzahl (f)	määrä	[mæ:ræ]
etwas …	vähän	[ʋæɦæn]
Hälfte (f)	puoli	[puoli]
Dutzend (n)	tusina	[tusina]
Stück (n)	kappale	[kappale]

| Größe (f) | koko | [koko] |
| Maßstab (m) | mittakaava | [mitta·ka:ʋa] |

minimal (Adj)	minimaalinen	[minima:linen]
der kleinste	pienin	[pienin]
mittler, mittel-	keskikokoinen	[keskikokojnen]
maximal (Adj)	maksimaalinen	[maksima:linen]
der größte	suurin	[su:rin]

12. Behälter

| Glas (Einmachglas) | lasitölkki | [lasi·tølkki] |
| Dose (z.B. Bierdose) | purkki | [purkki] |

Eimer (m)	**sanko**	[saŋko]
Fass (n), Tonne (f)	**tynnyri**	[tynnyri]
Waschschüssel (n)	**pesuvati**	[pesu·ʋati]
Tank (m)	**säiliö**	[sæjliø]
Flachmann (m)	**kenttäpullo**	[kenttæ·pullo]
Kanister (m)	**jerrykannu**	[jerry·kannu]
Zisterne (f)	**säiliö**	[sæjliø]
Kaffeebecher (m)	**muki**	[muki]
Tasse (f)	**kuppi**	[kuppi]
Untertasse (f)	**teevati**	[te:ʋati]
Wasserglas (n)	**juomalasi**	[juoma·lasi]
Weinglas (n)	**viinilasi**	[ʋi:ni·lasi]
Kochtopf (m)	**kasari, kattila**	[kasari], [kattila]
Flasche (f)	**pullo**	[pullo]
Flaschenhals (m)	**pullonkaula**	[pulloŋ·kaula]
Karaffe (f)	**karahvi**	[karahʋi]
Tonkrug (m)	**kannu**	[kannu]
Gefäß (n)	**astia**	[astia]
Tontopf (m)	**ruukku**	[ru:kku]
Vase (f)	**vaasi, maljakko**	[ʋa:si], [maljakko]
Flakon (n)	**pullo**	[pullo]
Fläschchen (n)	**pieni pullo**	[pjeni pullo]
Tube (z.B. Zahnpasta)	**tuubi**	[tu:bi]
Sack (~ Kartoffeln)	**säkki**	[sækki]
Tüte (z.B. Plastiktüte)	**säkki, pussi**	[sækki], [pussi]
Schachtel (z.B. Zigaretten~)	**aski**	[aski]
Karton (z.B. Schuhkarton)	**laatikko**	[la:tikko]
Kiste (z.B. Bananenkiste)	**laatikko**	[la:tikko]
Korb (m)	**kori**	[kori]

DIE WICHTIGSTEN VERBEN

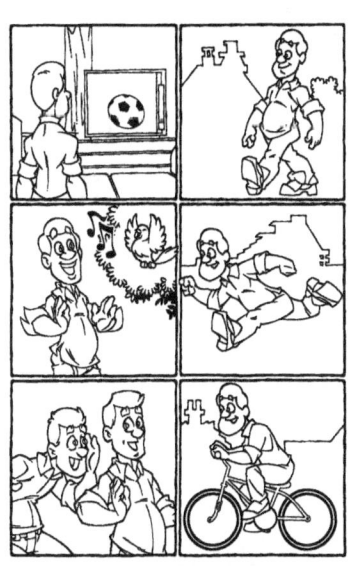

T&P Books Publishing

abbiegen (nach links ~)	**kääntää**	[kæ:ntæ:]
abschicken (vt)	**lähettää**	[læhettæ:]
ändern (vt)	**muuttaa**	[mu:tta:]
andeuten (vt)	**vihjata**	[ʋihjata]
Angst haben	**pelätä**	[pelætæ]

ankommen (vi)	**saapua**	[sɑ:pua]
antworten (vi)	**vastata**	[ʋastata]
arbeiten (vi)	**työskennellä**	[työskennellæ]
auf … zählen	**luottaa**	[luotta:]
aufbewahren (vt)	**pitää, säilyttää**	[pitæ:], [sæjlyttæ:]

aufschreiben (vt)	**kirjoittaa muistiin**	[kirjoitta: mujsti:n]
ausgehen (vi)	**mennä, tulla ulos**	[mennæ], [tulla ulos]
aussprechen (vt)	**lausua**	[lausua]
bedauern (vt)	**katua**	[katua]
bedeuten (vt)	**tarkoittaa, merkitä**	[tarkojtta:], [merkitæ]
beenden (vt)	**lopettaa**	[lopetta:]

befehlen (Milit.)	**käskeä**	[kæskeæ]
befreien (Stadt usw.)	**vapauttaa**	[ʋapautta:]
beginnen (vt)	**alkaa**	[alka:]
bemerken (vt)	**huomata**	[huomata]
beobachten (vt)	**tarkkailla**	[tarkkajlla]

berühren (vt)	**koskettaa**	[kosketta:]
besitzen (vt)	**omistaa**	[omista:]
besprechen (vt)	**käsitellä**	[kæsitellæ]
bestehen auf	**vaatia**	[ʋa:tia]
bestellen (im Restaurant)	**tilata**	[tilata]

bestrafen (vt)	**rangaista**	[raŋajsta]
beten (vi)	**rukoilla**	[rukojlla]
bitten (vt)	**pyytää**	[py:tæ:]
brechen (vt)	**rikkoa**	[rikkoa]
denken (vi, vt)	**ajatella**	[ajatella]

drohen (vi)	**uhata**	[uhata]
Durst haben	**minulla on jano**	[minulla on jano]
einladen (vt)	**kutsua**	[kutsua]
einstellen (vt)	**lakata**	[lakata]
einwenden (vt)	**vastustaa**	[ʋastusta:]
empfehlen (vt)	**suositella**	[suositella]
erklären (vt)	**selittää**	[selittæ:]

erlauben (vt)	antaa lupa	[anta: lupa]
ermorden (vt)	murhata	[murhata]
erwähnen (vt)	mainita	[majnita]
existieren (vi)	olla olemassa	[olla olemassa]

14. Die wichtigsten Verben. Teil 2

fallen (vi)	kaatua	[ka:tua]
fallen lassen	pudottaa	[pudotta:]
fangen (vt)	ottaa kiinni	[otta: ki:nni]
finden (vt)	löytää	[løytæ:]
fliegen (vi)	lentää	[lentæ:]

folgen (Folge mir!)	seurata	[seurata]
fortsetzen (vt)	jatkaa	[jatka:]
fragen (vt)	kysyä	[kysyæ]
frühstücken (vi)	syödä aamiaista	[syødæ a:miajsta]
geben (vt)	antaa	[anta:]

gefallen (vi)	pitää	[pitæ:]
gehen (zu Fuß gehen)	mennä	[mennæ]
gehören (vi)	kuulua	[ku:lua]
graben (vt)	kaivaa	[kajʋa:]

haben (vt)	omistaa	[omista:]
helfen (vi)	auttaa	[autta:]
herabsteigen (vi)	laskeutua	[laskeutua]
hereinkommen (vi)	tulla sisään	[tulla sisæ:n]

hoffen (vi)	toivoa	[tojʋoa]
hören (vt)	kuulla	[ku:lla]
hungrig sein	minulla on nälkä	[minulla on nælkæ]
informieren (vt)	tiedottaa	[tiedotta:]
jagen (vi)	metsästää	[metsæstæ:]

kennen (vt)	tuntea	[tuntea]
klagen (vi)	valittaa	[ʋalitta:]
können (v mod)	voida	[ʋojda]
kontrollieren (vt)	tarkastaa	[tarkasta:]
kosten (vt)	maksaa	[maksa:]

kränken (vt)	loukata	[loukata]
lächeln (vi)	hymyillä	[hymyjllæ]
lachen (vi)	nauraa	[naura:]
laufen (vi)	juosta	[juosta]
leiten (Betrieb usw.)	johtaa	[johta:]

lernen (vt)	oppia	[oppia]
lesen (vi, vt)	lukea	[lukea]
lieben (vt)	rakastaa	[rakasta:]

machen (vt)	tehdä	[tehdæ]
mieten (Haus usw.)	vuokrata	[ʋuokrata]
nehmen (vt)	ottaa	[otta:]
noch einmal sagen	toistaa	[tojsta:]
nötig sein	tarvita	[tarʋita]
öffnen (vt)	avata	[aʋata]

15. Die wichtigsten Verben. Teil 3

planen (vt)	suunnitella	[su:nnitella]
prahlen (vi)	kerskua	[kerskua]
raten (vt)	neuvoa	[neuʋoa]
rechnen (vt)	laskea	[laskea]
reservieren (vt)	varata	[ʋarata]

retten (vt)	pelastaa	[pelasta:]
richtig raten (vt)	arvata	[arʋata]
rufen (um Hilfe ~)	kutsua	[kutsua]
sagen (vt)	sanoa	[sanoa]
schaffen (Etwas Neues zu ~)	luoda	[luoda]

schelten (vt)	haukkua	[haukkua]
schießen (vi)	ampua	[ampua]
schmücken (vt)	koristaa	[korista:]
schreiben (vi, vt)	kirjoittaa	[kirjoitta:]
schreien (vi)	huutaa	[hu:ta:]

| schweigen (vi) | olla vaiti | [olla ʋajti] |
| schwimmen (vi) | uida | [ujda] |

| schwimmen gehen | uida | [ujda] |
| sehen (vi, vt) | nähdä | [næhdæ] |

sein (vi)	olla	[olla]
sich beeilen	pitää kiirettä	[pitæ: ki:rettæ]
sich entschuldigen	pyytää anteeksi	[py:tæ: ante:ksi]

sich interessieren	kiinnostua	[ki:nnostua]
sich irren	erehtyä	[erehtyæ]
sich setzen	istua, istuutua	[istua], [istu:tua]

| sich weigern | kieltäytyä | [kæltæytyæ] |
| spielen (vi, vt) | leikkiä | [lejkkiæ] |

sprechen (vi)	keskustella	[keskustella]
staunen (vi)	ihmetellä	[ihmetellæ]
stehlen (vt)	varastaa	[ʋarasta:]
stoppen (vt)	pysähtyä	[pysæhtyæ]
suchen (vt)	etsiä	[etsiæ]

16. Die wichtigsten Verben. Teil 4

täuschen (vt)	**pettää**	[pettæ:]
teilnehmen (vi)	**osallistua**	[osallistua]
übersetzen (Buch usw.)	**kääntää**	[kæ:ntæ:]
unterschätzen (vt)	**aliarvioida**	[aliarviojda]
unterschreiben (vt)	**allekirjoittaa**	[allekirjoitta:]
vereinigen (vt)	**yhdistää**	[yhdistæ:]
vergessen (vt)	**unohtaa**	[unohta:]
vergleichen (vt)	**verrata**	[verrata]
verkaufen (vt)	**myydä**	[my:dæ]
verlangen (vt)	**vaatia**	[va:tia]
versäumen (vt)	**olla poissa**	[olla pojssa]
versprechen (vt)	**luvata**	[luvata]
verstecken (vt)	**piilotella**	[pi:lotella]
verstehen (vt)	**ymmärtää**	[ymmærtæ:]
versuchen (vt)	**koettaa**	[koetta:]
verteidigen (vt)	**puolustaa**	[puolusta:]
vertrauen (vi)	**luottaa**	[luotta:]
verwechseln (vt)	**sekoittaa**	[sekojtta:]
verzeihen (vi, vt)	**antaa anteeksi**	[anta: ante:ksi]
verzeihen (vt)	**antaa anteeksi**	[anta: ante:ksi]
voraussehen (vt)	**odottaa**	[odotta:]
vorschlagen (vt)	**ehdottaa**	[ehdotta:]
vorziehen (vt)	**pitää enemmän**	[pitæ: enemmæn]
wählen (vt)	**valita**	[valita]
warnen (vt)	**varoittaa**	[varojtta:]
warten (vi)	**odottaa**	[odotta:]
weinen (vi)	**itkeä**	[itkeæ]
wissen (vt)	**tietää**	[tietæ:]
Witz machen	**vitsailla**	[vitsajlla]
wollen (vt)	**haluta**	[haluta]
zahlen (vt)	**maksaa**	[maksa:]
zeigen (jemandem etwas)	**näyttää**	[næyttæ:]
zu Abend essen	**illastaa**	[illasta:]
zu Mittag essen	**syödä lounasta**	[syødæ lounasta]
zubereiten (vt)	**laittaa**	[lajtta:]
zustimmen (vi)	**suostua**	[suostua]
zweifeln (vi)	**epäillä**	[epæjllæ]

ZEIT. KALENDER

T&P Books Publishing

17. Wochentage

Montag (m)	maanantai	[mɑːnɑntɑj]
Dienstag (m)	tiistai	[tiːstɑj]
Mittwoch (m)	keskiviikko	[keskiʋiːkko]
Donnerstag (m)	torstai	[torstɑj]
Freitag (m)	perjantai	[perjɑntɑj]
Samstag (m)	lauantai	[lɑuɑntɑj]
Sonntag (m)	sunnuntai	[sunnuntɑj]

heute	tänään	[tænæːn]
morgen	huomenna	[huomennɑ]
übermorgen	ylihuomenna	[ylihuomennɑ]
gestern	eilen	[ejlen]
vorgestern	toissa päivänä	[tojssɑ pæjʋænæ]

Tag (m)	päivä	[pæjʋæ]
Arbeitstag (m)	työpäivä	[tyø·pæjʋæ]
Feiertag (m)	juhlapäivä	[juhlɑ·pæjʋæ]
freier Tag (m)	vapaapäivä	[ʋɑpɑːpæjʋæ]
Wochenende (n)	viikonloppu	[ʋiːkon·loppu]

den ganzen Tag	koko päivän	[koko pæjʋæn]
am nächsten Tag	ensi päivänä	[ensi pæjʋænæ]
zwei Tage vorher	kaksi päivää sitten	[kɑksi pæjʋæː sitten]
am Vortag	aattona	[ɑːttonɑ]
täglich (Adj)	päivittäinen	[pæjʋittæjnen]
täglich (Adv)	joka päivä	[jokɑ pæjʋæ]

Woche (f)	viikko	[ʋiːkko]
letzte Woche	viime viikolla	[ʋiːme ʋiːkollɑ]
nächste Woche	ensi viikolla	[ensi ʋiːkollɑ]
wöchentlich (Adj)	viikoittainen	[ʋiːkojttɑjnen]
wöchentlich (Adv)	joka viikko	[jokɑ ʋiːkko]
zweimal pro Woche	kaksi kertaa viikossa	[kɑksi kertɑː ʋiːkossɑ]
jeden Dienstag	joka tiistai	[jokɑ tiːstɑj]

18. Stunden. Tag und Nacht

Morgen (m)	aamu	[ɑːmu]
morgens	aamulla	[ɑːmullɑ]
Mittag (m)	puolipäivä	[puoli·pæjʋæ]
nachmittags	iltapäivällä	[iltɑ·pæjʋællæ]
Abend (m)	ilta	[iltɑ]

abends	illalla	[illɑllɑ]
Nacht (f)	yö	[yø]
nachts	yöllä	[yøllæ]
Mitternacht (f)	puoliyö	[puoli·yø]

Sekunde (f)	sekunti	[sekunti]
Minute (f)	minuutti	[minu:tti]
Stunde (f)	tunti	[tunti]
eine halbe Stunde	puoli tuntia	[puoli tuntiɑ]
Viertelstunde (f)	vartti	[ʋɑrtti]
fünfzehn Minuten	viisitoista minuuttia	[ʋi:si·tojstɑ minu:ttiɑ]
Tag und Nacht	vuorokausi	[ʋuoro·kausi]

Sonnenaufgang (m)	auringonnousu	[auriɲon·nousu]
Morgendämmerung (f)	sarastus	[sɑrɑstus]
früher Morgen (m)	varhainen aamu	[ʋɑrhɑjnen ɑ:mu]
Sonnenuntergang (m)	auringonlasku	[auriɲon·lɑsku]

früh am Morgen	aamulla aikaisin	[ɑ:mullɑ ɑjkɑjsin]
heute Morgen	tänä aamuna	[tænæ ɑ:munɑ]
morgen früh	ensi aamuna	[ensi ɑ:munɑ]

heute Mittag	tänä päivänä	[tænæ pæjʋænæ]
nachmittags	iltapäivällä	[iltɑ·pæjʋællæ]
morgen Nachmittag	huomisiltapäivällä	[huomis·iltɑ·pæjʋællæ]

| heute Abend | tänä iltana | [tænæ iltɑnɑ] |
| morgen Abend | ensi iltana | [ensi iltɑnɑ] |

Punkt drei Uhr	tasan kolmelta	[tɑsɑn kolmeltɑ]
gegen vier Uhr	noin neljältä	[nojn neljæltæ]
um zwölf Uhr	kahdentoista mennessä	[kɑhdentojstɑ menessæ]

in zwanzig Minuten	kahdenkymmenen minuutin kuluttua	[kɑhdeŋkymmenen minu:tin kuluttuɑ]
in einer Stunde	tunnin kuluttua	[tunnin kuluttuɑ]
rechtzeitig (Adv)	ajoissa	[ɑjoissɑ]

Viertel vor ...	varttia vaille	[ʋɑrttiɑ ʋɑjlle]
innerhalb einer Stunde	tunnin kuluessa	[tunnin kuluessɑ]
alle fünfzehn Minuten	viidentoista minuutin välein	[ʋi:den·tojstɑ minu:tin ʋælejn]
Tag und Nacht	ympäri vuorokauden	[ympæri ʋuoro kauden]

19. Monate. Jahreszeiten

Januar (m)	tammikuu	[tɑmmiku:]
Februar (m)	helmikuu	[helmiku:]
März (m)	maaliskuu	[mɑ:lisku:]
April (m)	huhtikuu	[huhtiku:]

| Mai (m) | toukokuu | [toukoku:] |
| Juni (m) | kesäkuu | [kesæku:] |

Juli (m)	heinäkuu	[hejnæku:]
August (m)	elokuu	[eloku:]
September (m)	syyskuu	[sy:sku:]
Oktober (m)	lokakuu	[lokaku:]
November (m)	marraskuu	[marrasku:]
Dezember (m)	joulukuu	[jouluku:]

Frühling (m)	kevät	[keʋæt]
im Frühling	keväällä	[keʋæ:llæ]
Frühlings-	keväinen	[keʋæjnen]

Sommer (m)	kesä	[kesæ]
im Sommer	kesällä	[kesællæ]
Sommer-	kesäinen	[kesæjnen]

Herbst (m)	syksy	[syksy]
im Herbst	syksyllä	[syksyllæ]
Herbst-	syksyinen	[syksyjnen]

Winter (m)	talvi	[talʋi]
im Winter	talvella	[talʋella]
Winter-	talvinen	[talʋinen]

Monat (m)	kuukausi	[ku:kausi]
in diesem Monat	tässä kuussa	[tæssæ ku:ssa]
nächsten Monat	ensi kuussa	[ensi ku:ssa]
letzten Monat	viime kuussa	[ʋi:me ku:ssa]

vor einem Monat	kuukausi sitten	[ku:kausi sitten]
über eine Monat	kuukauden kuluttua	[ku:kauden kuluttua]
in zwei Monaten	kahden kuukauden kuluttua	[kahden ku:kauden kuluttua]
den ganzen Monat	koko kuukauden	[koko ku:kauden]

monatlich (Adj)	kuukautinen	[ku:kautinen]
monatlich (Adv)	kuukausittain	[ku:kausittajn]
jeden Monat	joka kuukausi	[joka ku:kausi]
zweimal pro Monat	kaksi kertaa kuukaudessa	[kaksi kerta: ku:kaudessa]

Jahr (n)	vuosi	[ʋuosi]
dieses Jahr	tänä vuonna	[tænæ ʋuonna]
nächstes Jahr	ensi vuonna	[ensi ʋuonna]
voriges Jahr	viime vuonna	[ʋi:me ʋuonna]

vor einem Jahr	vuosi sitten	[ʋuosi sitten]
in einem Jahr	vuoden kuluttua	[ʋuoden kuluttua]
in zwei Jahren	kahden vuoden kuluttua	[kahden ʋuoden kuluttua]
das ganze Jahr	koko vuoden	[koko ʋuoden]

jedes Jahr	**joka vuosi**	[joka ʋuosi]
jährlich (Adj)	**vuosittainen**	[ʋuosittajnen]
jährlich (Adv)	**vuosittain**	[ʋuosittajn]
viermal pro Jahr	**neljä kertaa vuodessa**	[neljæ kertɑ: ʋuodessɑ]
Datum (heutige ~)	**päivämäärä**	[pæjʋæ·mæ:ræ]
Datum (Geburts-)	**päivämäärä**	[pæjʋæ·mæ:ræ]
Kalender (m)	**kalenteri**	[kɑlenteri]
ein halbes Jahr	**puoli vuotta**	[puoli ʋuottɑ]
Halbjahr (n)	**vuosipuolisko**	[ʋuosi·puolisko]
Saison (f)	**vuodenaika**	[ʋuoden·ɑjkɑ]
Jahrhundert (n)	**vuosisata**	[ʋuosi·sɑtɑ]

REISEN. HOTEL

T&P Books Publishing

20. Ausflug. Reisen

Tourismus (m)	**matkailu**	[matkajlu]
Tourist (m)	**matkailija**	[matkajlija]
Reise (f)	**matka**	[matka]
Abenteuer (n)	**seikkailu**	[sejkkajlu]
Fahrt (f)	**matka**	[matka]

Urlaub (m)	**loma**	[loma]
auf Urlaub sein	**olla lomalla**	[olla lomalla]
Erholung (f)	**lepo**	[lepo]

Zug (m)	**juna**	[juna]
mit dem Zug	**junalla**	[junalla]
Flugzeug (n)	**lentokone**	[lento·kone]
mit dem Flugzeug	**lentokoneella**	[lentokone:lla]
mit dem Auto	**autolla**	[autolla]
mit dem Schiff	**laivalla**	[lajualla]

Gepäck (n)	**matkatavara**	[matka·tauara]
Koffer (m)	**matkalaukku**	[matka·laukku]
Gepäckwagen (m)	**matkatavarakärryt**	[matka·tauarat·kærryt]
Pass (m)	**passi**	[passi]
Visum (n)	**viisumi**	[ui:sumi]
Fahrkarte (f)	**lippu**	[lippu]
Flugticket (n)	**lentolippu**	[lento·lippu]

Reiseführer (m)	**opaskirja**	[opas·kirja]
Landkarte (f)	**kartta**	[kartta]
Gegend (f)	**seutu**	[seutu]
Ort (wunderbarer ~)	**paikka**	[pajkka]

Exotika (pl)	**eksoottisuus**	[ekso:ttisu:s]
exotisch	**eksoottinen**	[ekso:ttinen]
erstaunlich (Adj)	**ihmeellinen**	[ihme:llinen]

Gruppe (f)	**ryhmä**	[ryhmæ]
Ausflug (m)	**ekskursio, retki**	[ekskursio], [retki]
Reiseleiter (m)	**opas**	[opas]

21. Hotel

Hotel (n)	**hotelli**	[hotelli]
Motel (n)	**motelli**	[motelli]

drei Sterne	kolme tähteä	[kolme tæhteæ]
fünf Sterne	viisi tähteä	[ui:si tæhteæ]
absteigen (vi)	oleskella	[oleskella]

Hotelzimmer (n)	huone	[huone]
Einzelzimmer (n)	yhden hengen huone	[yhden heŋen huone]
Zweibettzimmer (n)	kahden hengen huone	[kahden heŋen huone]
reservieren (vt)	varata huone	[uarata huone]

| Halbpension (f) | puolihoito | [puoli·hojto] |
| Vollpension (f) | täysihoito | [tæysi·hojto] |

mit Bad	jossa on kylpyamme	[jossa on kylpyamme]
mit Dusche	on suihku	[on sujhku]
Satellitenfernsehen (n)	satelliittitelevisio	[satelli:tti·teleuisio]
Klimaanlage (f)	ilmastointilaite	[ilmastojnti·lajte]
Handtuch (n)	pyyhe	[py:he]
Schlüssel (m)	avain	[auajn]

Verwalter (m)	hallintovirkamies	[hallinto·uirka·mies]
Zimmermädchen (n)	huonesiivooja	[huone·si:uo:ja]
Träger (m)	kantaja	[kantaja]
Portier (m)	vahtimestari	[uahti·mestari]

Restaurant (n)	ravintola	[rauintola]
Bar (f)	baari	[ba:ri]
Frühstück (n)	aamiainen	[a:miajnen]
Abendessen (n)	illallinen	[illallinen]
Buffet (n)	noutopöytä	[nouto·pøytæ]

| Foyer (n) | eteishalli | [etejs·halli] |
| Aufzug (m), Fahrstuhl (m) | hissi | [hissi] |

| BITTE NICHT STÖREN! | ÄLKÄÄ HÄIRITKÖ | [ælkæ: hæjritkø] |
| RAUCHEN VERBOTEN! | TUPAKOINTI KIELLETTY | [tupakojnti kielletty] |

22. Sehenswürdigkeiten

Denkmal (n)	patsas	[patsas]
Festung (f)	linna	[linna]
Palast (m)	palatsi	[palatsi]
Schloss (n)	linna	[linna]
Turm (m)	torni	[torni]
Mausoleum (n)	mausoleumi	[mausoleumi]

Architektur (f)	arkkitehtuuri	[arkkitehtu:ri]
mittelalterlich	keskiaikainen	[keskiajkajnen]
alt (antik)	vanha	[uanha]
national	kansallinen	[kansallinen]
berühmt	tunnettu	[tunnettu]

Tourist (m)	matkailija	[mɑtkɑjlijɑ]
Fremdenführer (m)	opas	[opɑs]
Ausflug (m)	ekskursio, retki	[ekskursio], [retki]
zeigen (vt)	näyttää	[næyttæ:]
erzählen (vt)	kertoa	[kertoɑ]

finden (vt)	löytää	[løytæ:]
sich verlieren	hävitä	[hæʋitæ]
Karte (U-Bahn ~)	reittikartta	[rejtti·kɑrttɑ]
Karte (Stadt-)	asemakaava	[ɑsemɑ·kɑ:ʋɑ]

Souvenir (n)	matkamuisto	[mɑtkɑ·mujsto]
Souvenirladen (m)	matkamuistokauppa	[mɑtkɑ·mujsto·kɑuppɑ]
fotografieren (vt)	valokuvata	[ʋɑlokuʋɑtɑ]
sich fotografieren	valokuvauttaa itsensä	[ʋɑlokuʋɑuttɑ: itsensæ]

TRANSPORT

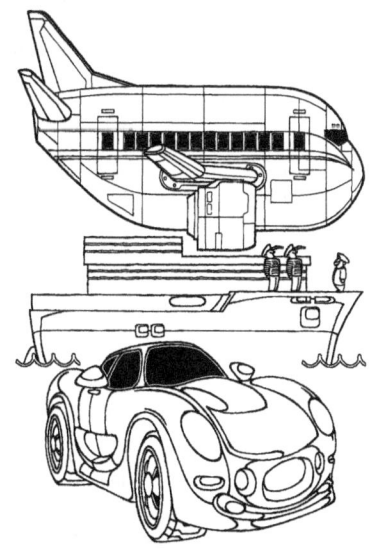

T&P Books Publishing

23. Flughafen

Flughafen (m)	lentoasema	[lento·asema]
Flugzeug (n)	lentokone	[lento·kone]
Fluggesellschaft (f)	lentoyhtiö	[lento·yhtiø]
Fluglotse (m)	lennonjohtaja	[lennon·johtaja]

Abflug (m)	lähtö	[læhtø]
Ankunft (f)	saapuvat	[sɑ:puʋɑt]
anfliegen (vi)	lentää	[lentæ:]

| Abflugzeit (f) | lähtöaika | [læhtø·ajka] |
| Ankunftszeit (f) | saapumisaika | [sɑ:pumis·ajka] |

| sich verspäten | myöhästyä | [myøhæstyæ] |
| Abflugverspätung (f) | lennon viivästyminen | [lennon ʋi:ʋæstyminen] |

Anzeigetafel (f)	tiedotustaulu	[tiedotus·taulu]
Information (f)	tiedotus	[tiedotus]
ankündigen (vt)	ilmoittaa	[ilmojtta:]
Flug (m)	lento	[lento]

| Zollamt (n) | tulli | [tulli] |
| Zollbeamter (m) | tullimies | [tullimies] |

Zolldeklaration (f)	tullausilmoitus	[tullaus·ilmojtus]
ausfüllen (vt)	täyttää	[tæyttæ:]
die Zollerklärung ausfüllen	täyttää tullausilmoitus	[tæyttæ: tullaus ilmojtus]
Passkontrolle (f)	passintarkastus	[passin·tarkastus]

Gepäck (n)	matkatavara	[matka·taʋara]
Handgepäck (n)	käsimatkatavara	[kæsi·matka·taʋara]
Kofferkuli (m)	matkatavarakärryt	[matka·taʋarat·kærryt]

Landung (f)	lasku	[lasku]
Landebahn (f)	laskurata	[lasku·rata]
landen (vi)	laskeutua	[laskeutua]
Fluggasttreppe (f)	laskuportaat	[lasku·porta:t]

Check-in (n)	lähtöselvitys	[læhtø·selʋitys]
Check-in-Schalter (m)	rekisteröintitiski	[rekisterøinti·tiski]
sich registrieren lassen	ilmoittautua	[ilmojttautua]
Bordkarte (f)	koneeseennousukortti	[kone:se:n·nousu·kortti]
Abfluggate (n)	lentokoneen pääsy	[lento·kone:n pæ:sy]
Transit (m)	kauttakulku	[kautta·kulku]
warten (vi)	odottaa	[odotta:]

Wartesaal (m)	odotussali	[odotus·sɑli]
begleiten (vt)	saattaa ulos	[sɑːtːɑ ulos]
sich verabschieden	hyvästellä	[hyʋæstellæ]

24. Flugzeug

Flugzeug (n)	lentokone	[lento·kone]
Flugticket (n)	lentolippu	[lento·lippu]
Fluggesellschaft (f)	lentoyhtiö	[lento·yhtiø]
Flughafen (m)	lentoasema	[lento·ɑsemɑ]
Überschall-	yliääni-	[yliæːni-]

Flugkapitän (m)	lentokoneen päällikkö	[lento·kone:n pæːllikkø]
Besatzung (f)	miehistö	[mæhistø]
Pilot (m)	lentäjä	[lentæjæ]
Flugbegleiterin (f)	lentoemäntä	[lento·emæntæ]
Steuermann (m)	perämies	[peræmies]

Flügel (pl)	siivet	[siːʋet]
Schwanz (m)	pyrstö	[pyrstø]
Kabine (f)	ohjaamo	[ohjɑːmo]
Motor (m)	moottori	[moːttori]
Fahrgestell (n)	laskuteline	[lɑsku·teline]
Turbine (f)	turbiini	[turbiːni]

Propeller (m)	propelli	[propelli]
Flugschreiber (m)	musta laatikko	[musta lɑːtikko]
Steuerrad (n)	ohjaussauva	[ohjɑus·sɑuʋɑ]
Treibstoff (m)	polttoaine	[poltto·ɑjne]

Sicherheitskarte (f)	turvaohje	[turʋɑ·ohje]
Sauerstoffmaske (f)	happinaamari	[hɑppinɑːmɑri]
Uniform (f)	univormu	[uniʋormu]
Rettungsweste (f)	pelastusliivi	[pelastus·liːʋi]
Fallschirm (m)	laskuvarjo	[lɑsku·ʋɑrjo]

Abflug, Start (m)	ilmaannousu	[ilmɑːnːousu]
starten (vi)	nousta ilmaan	[nousta ilmɑːn]
Startbahn (f)	kiitorata	[kiːtorɑtɑ]

Sicht (f)	näkyvyys	[nækyʋyːs]
Flug (m)	lento	[lento]
Höhe (f)	korkeus	[korkeus]
Luftloch (n)	ilmakuoppa	[ilmɑ·kuoppɑ]

Platz (m)	paikka	[pɑjkkɑ]
Kopfhörer (m)	kuulokkeet	[kuːlokkeːt]
Klapptisch (m)	tarjotin	[tɑrjotin]
Bullauge (n)	ikkuna	[ikkunɑ]
Durchgang (m)	käytävä	[kæytæʋæ]

25. Zug

Zug (m)	**juna**	[juna]
elektrischer Zug (m)	**sähköjuna**	[sæhkø·juna]
Schnellzug (m)	**pikajuna**	[pika·juna]
Diesellok (f)	**moottoriveturi**	[mo:ttori·ʋeturi]
Dampflok (f)	**höyryveturi**	[høyry·ʋeturi]
Personenwagen (m)	**vaunu**	[ʋaunu]
Speisewagen (m)	**ravintolavaunu**	[raʋintola·ʋaunu]
Schienen (pl)	**ratakiskot**	[rata·kiskot]
Eisenbahn (f)	**rautatie**	[rauta·tie]
Bahnschwelle (f)	**ratapölkky**	[rata·pølkky]
Bahnsteig (m)	**asemalaituri**	[asema·lajturi]
Gleis (n)	**raide**	[rajde]
Eisenbahnsignal (n)	**siipiopastin**	[si:pi·opastin]
Station (f)	**asema**	[asema]
Lokomotivführer (m)	**junankuljettaja**	[yneŋ·kuljettaja]
Träger (m)	**kantaja**	[kantaja]
Schaffner (m)	**vaunnuhoitaja**	[ʋaunun·hojtaja]
Fahrgast (m)	**matkustaja**	[matkustaja]
Fahrkartenkontrolleur (m)	**tarkastaja**	[tarkastaja]
Flur (m)	**käytävä**	[kæytæʋæ]
Notbremse (f)	**hätäjarru**	[hætæ·jarru]
Abteil (n)	**vaununosasto**	[ʋaunun·osasto]
Liegeplatz (m), Schlafkoje (f)	**vuode**	[ʋuode]
oberer Liegeplatz (m)	**ylävuode**	[ylæ·ʋuode]
unterer Liegeplatz (m)	**alavuode**	[ala·ʋuode]
Bettwäsche (f)	**vuodevaatteet**	[ʋuode·ʋa:tte:t]
Fahrkarte (f)	**lippu**	[lippu]
Fahrplan (m)	**aikataulu**	[ajka·taulu]
Anzeigetafel (f)	**aikataulu**	[ajka·taulu]
abfahren (der Zug)	**lähteä**	[læhteæ]
Abfahrt (f)	**lähtö**	[læhtø]
ankommen (der Zug)	**saapua**	[sa:pua]
Ankunft (f)	**saapuminen**	[sa:puminen]
mit dem Zug kommen	**tulla junalla**	[tulla junalla]
in den Zug einsteigen	**nousta junaan**	[nousta juna:n]
aus dem Zug aussteigen	**nousta junasta**	[nousta junasta]
Zugunglück (n)	**junaturma**	[juna·turma]
entgleisen (vi)	**suistua raiteilta**	[sujstua rajtejlta]
Dampflok (f)	**höyryveturi**	[høyry·ʋeturi]

Heizer (m)	lämmittäjä	[læmmittæjæ]
Feuerbüchse (f)	tulipesä	[tulipesæ]
Kohle (f)	hiili	[hi:li]

26. Schiff

| Schiff (n) | laiva | [lɑjʋɑ] |
| Fahrzeug (n) | alus | [ɑlus] |

Dampfer (m)	höyrylaiva	[højry·lɑjʋɑ]
Motorschiff (n)	jokilaiva	[joki·lɑjʋɑ]
Kreuzfahrtschiff (n)	risteilijä	[ristejlijæ]
Kreuzer (m)	risteilijä	[ristejlijæ]

Jacht (f)	jahti	[jɑhti]
Schlepper (m)	hinausköysi	[hinɑus·køysi]
Lastkahn (m)	proomu	[pro:mu]
Fähre (f)	lautta	[lɑuttɑ]

| Segelschiff (n) | purjealus | [purje·ɑlus] |
| Brigantine (f) | brigantiini | [brigɑnti:ni] |

| Eisbrecher (m) | jäänmurtaja | [jæ:n·murtɑjɑ] |
| U-Boot (n) | sukellusvene | [sukellus·ʋene] |

Boot (n)	jolla	[jollɑ]
Dingi (n), Beiboot (n)	pelastusvene	[pelɑstus·ʋene]
Rettungsboot (n)	pelastusvene	[pelɑstus·ʋene]
Motorboot (n)	moottorivene	[mo:ttori·ʋene]

Kapitän (m)	kapteeni	[kɑpte:ni]
Matrose (m)	matruusi	[mɑtru:si]
Seemann (m)	merimies	[merimies]
Besatzung (f)	miehistö	[mæhistø]

Bootsmann (m)	pursimies	[pursimies]
Schiffsjunge (m)	laivapoika	[lɑjʋɑ·pojkɑ]
Schiffskoch (m)	kokki	[kokki]
Schiffsarzt (m)	laivalääkäri	[lɑjʋɑ·læ:kæri]

Deck (n)	kansi	[kɑnsi]
Mast (m)	masto	[mɑsto]
Segel (n)	purje	[purje]

Schiffsraum (m)	ruuma	[ru:mɑ]
Bug (m)	keula	[keulɑ]
Heck (n)	perä	[peræ]
Ruder (n)	airo	[ɑjro]
Schraube (f)	potkuri	[potkuri]
Kajüte (f)	hytti	[hytti]

Messe (f)	upseerimessi	[upse:ri·messi]
Maschinenraum (m)	konehuone	[kone·ʰuone]
Kommandobrücke (f)	komentosilta	[komento·silta]
Funkraum (m)	radiohuone	[radio·ʰuone]
Radiowelle (f)	aalto	[ɑːlto]
Schiffstagebuch (n)	laivapäiväkirja	[lɑjʊɑ·pæjʊæ·kirjɑ]
Fernrohr (n)	kaukoputki	[kɑuko·putki]
Glocke (f)	kello	[kello]
Fahne (f)	lippu	[lippu]
Seil (n)	köysi	[køysi]
Knoten (m)	solmu	[solmu]
Geländer (n)	käsipuu	[kæsipu:]
Treppe (f)	laskusilta	[lɑsku·siltɑ]
Anker (m)	ankkuri	[ɑŋkkuri]
den Anker lichten	nostaa ankkuri	[nostɑ: ɑŋkkuri]
Anker werfen	heittää ankkuri	[hejttæ: ɑŋkkuri]
Ankerkette (f)	ankkuriketju	[ɑŋkkuri·ketju]
Hafen (m)	satama	[sɑtɑmɑ]
Anlegestelle (f)	laituri	[lɑjturi]
anlegen (vi)	kiinnittyä	[ki:nnittyæ]
abstoßen (vt)	lähteä	[læhteæ]
Reise (f)	matka	[mɑtkɑ]
Kreuzfahrt (f)	laivamatka	[lɑjʊɑ·mɑtkɑ]
Kurs (m), Richtung (f)	kurssi	[kurssi]
Reiseroute (f)	reitti	[rejtti]
Fahrwasser (n)	väylä	[ʋæylæ]
Untiefe (f)	matalikko	[mɑtɑlikko]
stranden (vi)	ajautua matalikolle	[ɑjɑutuɑ mɑtɑlikolle]
Sturm (m)	myrsky	[myrsky]
Signal (n)	merkki	[merkki]
untergehen (vi)	upota	[upotɑ]
Mann über Bord!	Mies yli laidan!	[mies yli lɑjdɑn]
SOS	SOS	[sos]
Rettungsring (m)	pelastusrengas	[pelastus·reŋɑs]

STADT

T&P Books Publishing

Bus (m)	bussi	[bussi]
Straßenbahn (f)	raitiovaunu	[rajtio·ʋaunu]
Obus (m)	johdinauto	[johdin·auto]
Linie (f)	reitti	[rejtti]
Nummer (f)	numero	[numero]

mit ... fahren	mennä ...	[mennæ]
einsteigen (vi)	nousta	[nousta]
aussteigen (aus dem Bus)	astua ulos	[astua ulos]

Haltestelle (f)	pysäkki	[pysækki]
nächste Haltestelle (f)	seuraava pysäkki	[seura:ʋa pysækki]
Endhaltestelle (f)	pääteasema	[pæ:teasema]
Fahrplan (m)	aikataulu	[ajka·taulu]
warten (vi, vt)	odottaa	[odotta:]

Fahrkarte (f)	lippu	[lippu]
Fahrpreis (m)	kyytimaksu	[ky:ti·maksu]

Kassierer (m)	kassanhoitaja	[kassan·hojtaja]
Fahrkartenkontrolle (f)	tarkastus	[tarkastus]
Fahrkartenkontrolleur (m)	tarkastaja	[tarkastaja]

sich verspäten	myöhästyä	[myøhæstyæ]
versäumen (Zug usw.)	myöhästyä	[myøhæstyæ]
sich beeilen	olla kiire	[olla ki:re]

Taxi (n)	taksi	[taksi]
Taxifahrer (m)	taksinkuljettaja	[taksiŋ·kuljettaja]
mit dem Taxi	taksilla	[taksilla]
Taxistand (m)	taksiasema	[taksi·asema]
ein Taxi rufen	tilata taksi	[tilata taksi]
ein Taxi nehmen	ottaa taksi	[otta: taksi]

Straßenverkehr (m)	liikenne	[li:kenne]
Stau (m)	ruuhka	[ru:hka]
Hauptverkehrszeit (f)	ruuhka-aika	[ru:hka·ajka]
parken (vi)	pysäköidä	[pysækøjdæ]
parken (vt)	pysäköidä	[pysækøjdæ]
Parkplatz (m)	parkkipaikka	[parkki·pajkka]

U-Bahn (f)	metro	[metro]
Station (f)	asema	[asema]
mit der U-Bahn fahren	mennä metrolla	[mennæ metrollla]

| Zug (m) | **juna** | [juna] |
| Bahnhof (m) | **rautatieasema** | [rautatie·asema] |

28. Stadt. Leben in der Stadt

Stadt (f)	**kaupunki**	[kaupuŋki]
Hauptstadt (f)	**pääkaupunki**	[pæː kaupuŋki]
Dorf (n)	**kylä**	[kylæ]

Stadtplan (m)	**asemakaava**	[asema·kaːʋa]
Stadtzentrum (n)	**keskusta**	[keskusta]
Vorort (m)	**esikaupunki**	[esikaupuŋki]
Vorort-	**esikaupunki-**	[esikaupuŋki]

Stadtrand (m)	**laitakaupunginosa**	[lajta·kaupunginosa]
Umgebung (f)	**ympäristö**	[ympæristø]
Stadtviertel (n)	**kortteli**	[kortteli]
Wohnblock (m)	**asuinkortteli**	[asujŋ·kortteli]

Straßenverkehr (m)	**liikenne**	[liːkenne]
Ampel (f)	**liikennevalot**	[liːkenne·ʋalot]
Stadtverkehr (m)	**julkiset kulkuvälineet**	[julkiset kulkuʋæline:t]
Straßenkreuzung (f)	**risteys**	[risteys]

Übergang (m)	**suojatie**	[suojatæ]
Fußgängerunterführung (f)	**alikäytävä**	[ali·kæytæʋæ]
überqueren (vt)	**ylittää**	[ylittæ:]
Fußgänger (m)	**jalankulkija**	[jalaŋkulkija]
Gehweg (m)	**jalkakäytävä**	[jalka·kæytæʋæ]

Brücke (f)	**silta**	[silta]
Kai (m)	**rantakatu**	[ranta·katu]
Springbrunnen (m)	**suihkulähde**	[sujhku·læhde]

Allee (f)	**lehtikuja**	[lehti·kuja]
Park (m)	**puisto**	[pujsto]
Boulevard (m)	**bulevardi**	[buleʋardi]
Platz (m)	**aukio**	[aukio]
Avenue (f)	**valtakatu**	[ʋalta·katu]
Straße (f)	**katu**	[katu]
Gasse (f)	**kuja**	[kuja]
Sackgasse (f)	**umpikuja**	[umpikuja]

Haus (n)	**talo**	[talo]
Gebäude (n)	**rakennus**	[rakennus]
Wolkenkratzer (m)	**pilvenpiirtäjä**	[pilʋen·piːrtæjæ]

Fassade (f)	**julkisivu**	[julki·siʋu]
Dach (n)	**katto**	[katto]
Fenster (n)	**ikkuna**	[ikkuna]

Bogen (m)	kaari	[kɑːri]
Säule (f)	pylväs	[pylʊæs]
Ecke (f)	kulma	[kulmɑ]

Schaufenster (n)	näyteikkuna	[næyte·ikkunɑ]
Firmenschild (n)	kauppakyltti	[kɑuppɑ·kyltti]
Anschlag (m)	juliste	[juliste]
Werbeposter (m)	mainosjuliste	[mɑjnos·juliste]
Werbeschild (n)	mainoskilpi	[mɑjnos·kilpi]

Müll (m)	jäte	[jæte]
Mülleimer (m)	roskis	[roskis]
Abfall wegwerfen	roskata	[roskɑtɑ]
Mülldeponie (f)	kaatopaikka	[kɑːto·pɑjkkɑ]

Telefonzelle (f)	puhelinkoppi	[puɦeliŋ·koppi]
Straßenlaterne (f)	lyhtypylväs	[lyhty·pylʊæs]
Bank (Park-)	penkki	[peŋkki]

Polizist (m)	poliisi	[poliːsi]
Polizei (f)	poliisi	[poliːsi]
Bettler (m)	kerjäläinen	[kerjælæjnen]
Obdachlose (m)	koditon	[koditon]

29. Innerstädtische Einrichtungen

Laden (m)	kauppa	[kɑuppɑ]
Apotheke (f)	apteekki	[ɑpteːkki]
Optik (f)	optiikka	[optiːkkɑ]
Einkaufszentrum (n)	kauppakeskus	[kɑuppɑ·keskus]
Supermarkt (m)	supermarketti	[super·mɑrketti]

Bäckerei (f)	leipäkauppa	[lejpæ·kɑuppɑ]
Bäcker (m)	leipuri	[lejpuri]
Konditorei (f)	konditoria	[konditoriɑ]
Lebensmittelladen (m)	sekatavarakauppa	[sekɑtɑʋɑrɑ·kɑuppɑ]
Metzgerei (f)	lihakauppa	[liɦɑ·kɑuppɑ]

| Gemüseladen (m) | vihanneskauppa | [ʋiɦɑnnes·kɑuppɑ] |
| Markt (m) | kauppatori | [kɑuppɑ·tori] |

Kaffeehaus (n)	kahvila	[kɑhʋilɑ]
Restaurant (n)	ravintola	[rɑʋintolɑ]
Bierstube (f)	pubi	[pubi]
Pizzeria (f)	pizzeria	[pitseriɑ]

Friseursalon (m)	parturinliike	[pɑrturin·liːke]
Post (f)	posti	[posti]
chemische Reinigung (f)	kemiallinen pesu	[kemiɑllinen pesu]
Fotostudio (n)	valokuvastudio	[ʋɑlokuʋɑ·studio]

Schuhgeschäft (n)	kenkäkauppa	[keŋkæ·kauppa]
Buchhandlung (f)	kirjakauppa	[kirja·kauppa]
Sportgeschäft (n)	urheilukauppa	[urhejlu·kauppa]

Kleiderreparatur (f)	vaatteiden korjaus	[ʋa:ttejden korjaus]
Bekleidungsverleih (m)	vaate vuokralle	[ʋa:te ʋuokralle]
Videothek (f)	elokuvien vuokra	[elokuʋien ʋuokra]

Zirkus (m)	sirkus	[sirkus]
Zoo (m)	eläintarha	[elæjn·tarha]
Kino (n)	elokuvateatteri	[elokuʋa·teatteri]
Museum (n)	museo	[museo]
Bibliothek (f)	kirjasto	[kirjasto]

Theater (n)	teatteri	[teatteri]
Opernhaus (n)	ooppera	[o:ppera]
Nachtklub (m)	yökerho	[yø·kerho]
Kasino (n)	kasino	[kasino]

Moschee (f)	moskeija	[moskeja]
Synagoge (f)	synagoga	[synagoga]
Kathedrale (f)	tuomiokirkko	[tuomio·kirkko]
Tempel (m)	temppeli	[temppeli]
Kirche (f)	kirkko	[kirkko]

Institut (n)	instituutti	[institu:tti]
Universität (f)	yliopisto	[yli·opisto]
Schule (f)	koulu	[koulu]

Präfektur (f)	prefektuuri	[prefektu:ri]
Rathaus (n)	kaupunginhallitus	[kaupuŋin·hallitus]
Hotel (n)	hotelli	[hotelli]
Bank (f)	pankki	[paŋkki]

Botschaft (f)	suurlähetystö	[su:r·læhetystø]
Reisebüro (n)	matkatoimisto	[matka·tojmisto]
Informationsbüro (n)	neuvontatoimisto	[neuʋonta·tojmisto]
Wechselstube (f)	valuutanvaihtotoimisto	[ʋalu:tan·ʋajhto·tojmisto]

| U-Bahn (f) | metro | [metro] |
| Krankenhaus (n) | sairaala | [sajra:la] |

| Tankstelle (f) | bensiiniasema | [bensi:ni·asema] |
| Parkplatz (m) | parkkipaikka | [parkki·pajkka] |

30. Schilder

Firmenschild (n)	kauppakyltti	[kauppa·kyltti]
Aufschrift (f)	kyltti	[kyltti]
Plakat (n)	juliste, plakaatti	[juliste], [plaka:tti]

Wegweiser (m)	**osoitin**	[osojtin]
Pfeil (m)	**nuoli**	[nuoli]
Vorsicht (f)	**varoitus**	[ʋarojtus]
Warnung (f)	**varoitus**	[ʋarojtus]
warnen (vt)	**varoittaa**	[ʋarojtta:]
freier Tag (m)	**vapaapäivä**	[ʋapa:pæjʋæ]
Fahrplan (m)	**aikataulu**	[ajka·taulu]
Öffnungszeiten (pl)	**aukioloaika**	[aukiolo·ajka]
HERZLICH WILLKOMMEN!	**TERVETULOA!**	[terʋetuloa]
EINGANG	**SISÄÄN**	[sisæ:n]
AUSGANG	**ULOS**	[ulos]
DRÜCKEN	**TYÖNNÄ**	[tyønnæ]
ZIEHEN	**VEDÄ**	[ʋedæ]
GEÖFFNET	**AUKI**	[auki]
GESCHLOSSEN	**KIINNI**	[ki:nni]
DAMEN, FRAUEN	**NAISET**	[najset]
HERREN, MÄNNER	**MIEHET**	[mieɦet]
AUSVERKAUF	**ALE**	[ale]
REDUZIERT	**ALENNUSMYYNTI**	[alennus·my:nti]
NEU!	**UUTUUS!**	[u:tu:s]
GRATIS	**ILMAISEKSI**	[ilmajseksi]
ACHTUNG!	**HUOMIO!**	[huomio]
ZIMMER BELEGT	**EI OLE TILAA**	[ej ole tila:]
RESERVIERT	**VARATTU**	[ʋarattu]
VERWALTUNG	**HALLINTO**	[hallinto]
NUR FÜR PERSONAL	**VAIN HENKILÖKUNNALLE**	[ʋajn heŋkilø·kunnalle]
VORSICHT BISSIGER HUND	**VARO KOIRAA!**	[ʋaro kojra:]
RAUCHEN VERBOTEN!	**TUPAKOINTI KIELLETTY**	[tupakojnti kielletty]
BITTE NICHT BERÜHREN	**EI SAA KOSKEA!**	[ej sa: koskea]
GEFÄHRLICH	**VAARA**	[ʋa:ra]
VORSICHT!	**HENGENVAARA**	[heŋenʋa:ra]
HOCHSPANNUNG	**SUURJÄNNITE**	[su:rjænnite]
BADEN VERBOTEN	**UIMINEN KIELLETTY**	[ujminen kielletty]
AUßER BETRIEB	**EI TOIMI**	[ej tojmi]
LEICHTENTZÜNDLICH	**SYTTYVÄ**	[syttyʋæ]
VERBOTEN	**KIELLETTY**	[kielletty]
DURCHGANG VERBOTEN	**LÄPIKULKU KIELLETTY**	[læpikulku kielletty]
FRISCH GESTRICHEN	**ON MAALATTU**	[on ma:lattu]

31. Shopping

kaufen (vt)	ostaa	[osta:]
Einkauf (m)	ostos	[ostos]
einkaufen gehen	käydä ostoksilla	[kæydæ ostoksilla]
Einkaufen (n)	shoppailu	[ʃoppajlu]

| offen sein (Laden) | toimia | [tojmia] |
| zu sein | olla kiinni | [olla ki:nni] |

Schuhe (pl)	jalkineet	[jalkine:t]
Kleidung (f)	vaatteet	[ʋa:tte:t]
Kosmetik (f)	kosmetiikka	[kosmeti:kka]
Lebensmittel (pl)	ruokatavarat	[ruoka·taʋarat]
Geschenk (n)	lahja	[lahja]

| Verkäufer (m) | myyjä | [my:jæ] |
| Verkäuferin (f) | myyjätär | [my:jætær] |

Kasse (f)	kassa	[kassa]
Spiegel (m)	peili	[pejli]
Ladentisch (m)	tiski	[tiski]
Umkleidekabine (f)	sovitushuone	[soʋitus·huone]

anprobieren (vt)	sovittaa	[soʋitta:]
passen (Schuhe, Kleid)	sopia	[sopia]
gefallen (vi)	pitää, tykätä	[pitæ:], [tykætæ]

Preis (m)	hinta	[hinta]
Preisschild (n)	hintalappu	[hinta·lappu]
kosten (vt)	maksaa	[maksa:]
Wie viel?	Kuinka paljon?	[kujŋka paljon]
Rabatt (m)	alennus	[alennus]

preiswert	halpa	[halpa]
billig	halpa	[halpa]
teuer	kallis	[kallis]
Das ist teuer	Se on kallista	[se on kallista]

Verleih (m)	vuokra	[ʋuokra]
leihen, mieten (ein Auto usw.)	vuokrata	[ʋuokrata]
Kredit (m), Darlehen (n)	luotto	[luotto]
auf Kredit	luotolla	[luotolla]

KLEIDUNG & ACCESSOIRES

T&P Books Publishing

32. Oberbekleidung. Mäntel

Kleidung (f)	vaatteet	[ʋɑ:tte:t]
Oberkleidung (f)	päällysvaatteet	[pæ:llys·ʋɑ:tte:t]
Winterkleidung (f)	talvivaatteet	[talʋi·ʋɑ:tte:t]

Mantel (m)	takki	[takki]
Pelzmantel (m)	turkki	[turkki]
Pelzjacke (f)	puoliturkki	[puoli·turkki]
Daunenjacke (f)	untuvatakki	[untuʋɑ·takki]

Jacke (z.B. Lederjacke)	takki	[takki]
Regenmantel (m)	sadetakki	[sade·takki]
wasserdicht	vedenpitävä	[ʋeden·pitæʋæ]

33. Herren- & Damenbekleidung

Hemd (n)	paita	[pɑjtɑ]
Hose (f)	housut	[housut]
Jeans (pl)	farkut	[farkut]
Jackett (n)	pikkutakki	[pikku·takki]
Anzug (m)	puku	[puku]

Damenkleid (n)	leninki	[leniŋki]
Rock (m)	hame	[hame]
Bluse (f)	pusero	[pusero]
Strickjacke (f)	villapusero	[ʋilla·pusero]
Jacke (Damen Kostüm)	jakku	[jakku]

T-Shirt (n)	T-paita	[te·pɑjtɑ]
Shorts (pl)	shortsit, sortsit	[sortsit]
Sportanzug (m)	urheilupuku	[urhejlu·puku]
Bademantel (m)	kylpytakki	[kylpy·takki]
Schlafanzug (m)	pyjama	[pyjɑmɑ]

| Sweater (m) | villapaita | [ʋilla·pɑjtɑ] |
| Pullover (m) | neulepusero | [neule·pusero] |

Weste (f)	liivi	[li:ʋi]
Frack (m)	frakki	[frakki]
Smoking (m)	smokki	[smokki]

| Uniform (f) | univormu | [uniʋormu] |
| Arbeitskleidung (f) | työvaatteet | [tyø·ʋɑ:tte:t] |

| Overall (m) | haalari | [hɑːlɑri] |
| Kittel (z.B. Arztkittel) | lääkärintakki | [læːkærin·tɑkki] |

34. Kleidung. Unterwäsche

Unterwäsche (f)	alusvaatteet	[ɑlus·ʋɑːtteːt]
Herrenslip (m)	bokserit	[bokserit]
Damenslip (m)	pikkuhousut	[pikku·housut]
Unterhemd (n)	aluspaita	[ɑlus·pɑjtɑ]
Socken (pl)	sukat	[sukɑt]

Nachthemd (n)	yöpuku	[yøpuku]
Büstenhalter (m)	rintaliivit	[rintɑ·liːʋit]
Kniestrümpfe (pl)	polvisukat	[polʋi·sukɑt]
Strumpfhose (f)	sukkahousut	[sukkɑ·housut]
Strümpfe (pl)	sukat	[sukɑt]
Badeanzug (m)	uimapuku	[ujmɑ·puku]

35. Kopfbekleidung

Mütze (f)	hattu	[hɑttu]
Filzhut (m)	fedora-hattu	[fedorɑ·hɑttu]
Baseballkappe (f)	lippalakki	[lippɑ·lɑkki]
Schiebermütze (f)	lakki	[lɑkki]

Baskenmütze (f)	baskeri	[bɑskeri]
Kapuze (f)	huppu	[huppu]
Panamahut (m)	panamahattu	[pɑnɑmɑ·hɑttu]
Strickmütze (f)	pipo	[pipo]

| Kopftuch (n) | huivi | [huiʋi] |
| Damenhut (m) | naisten hattu | [nɑjsten hɑttu] |

Schutzhelm (m)	suojakypärä	[suojɑ·kypæræ]
Feldmütze (f)	suikka	[suikkɑ]
Helm (z.B. Motorradhelm)	kypärä	[kypæræ]

| Melone (f) | knalli | [knɑlli] |
| Zylinder (m) | silinterihattu | [silinteri·hɑttu] |

36. Schuhwerk

Schuhe (pl)	jalkineet	[jɑlkineːt]
Stiefeletten (pl)	varsikengät	[ʋɑrsikeŋæt]
Halbschuhe (pl)	naisten kengät	[nɑjsten keŋæt]

Stiefel (pl)	saappaat	[sɑːppɑːt]
Hausschuhe (pl)	tossut	[tossut]
Tennisschuhe (pl)	lenkkitossut	[leŋkki·tossut]
Leinenschuhe (pl)	lenkkarit	[leŋkkɑrit]
Sandalen (pl)	sandaalit	[sɑndɑːlit]

Schuster (m)	suutari	[suːtɑri]
Absatz (m)	korko	[korko]
Paar (n)	pari	[pɑri]

Schnürsenkel (m)	nauha	[nɑuhɑ]
schnüren (vt)	sitoa kengännauhat	[sitoɑ keŋænnɑuhɑt]
Schuhlöffel (m)	kenkälusikka	[keŋkæ·lusikkɑ]
Schuhcreme (f)	kenkävoide	[keŋkæ·ʋojde]

37. Persönliche Accessoires

Handschuhe (pl)	käsineet	[kæsineːt]
Fausthandschuhe (pl)	lapaset	[lɑpɑset]
Schal (Kaschmir-)	kaulaliina	[kɑulɑ·liːnɑ]

Brille (f)	silmälasit	[silmæ·lɑsit]
Brillengestell (n)	kehys	[kehys]
Regenschirm (m)	sateenvarjo	[sɑteːn·ʋɑrjo]
Spazierstock (m)	kävelykeppi	[kæʋely·keppi]
Haarbürste (f)	hiusharja	[hius·hɑrjɑ]
Fächer (m)	viuhka	[ʋiuhkɑ]
Krawatte (f)	solmio	[solmio]
Fliege (f)	rusetti	[rusetti]
Hosenträger (pl)	henkselit	[heŋkselit]
Taschentuch (n)	nenäliina	[nenæ·liːnɑ]

Kamm (m)	kampa	[kɑmpɑ]
Haarspange (f)	hiussolki	[hius·solki]
Haarnadel (f)	hiusneula	[hius·neulɑ]
Schnalle (f)	solki	[solki]

| Gürtel (m) | vyö | [ʋyø] |
| Umhängegurt (m) | hihna | [hihnɑ] |

Tasche (f)	laukku	[lɑukku]
Handtasche (f)	käsilaukku	[kæsi·lɑukku]
Rucksack (m)	reppu	[reppu]

38. Kleidung. Verschiedenes

| Mode (f) | muoti | [muoti] |
| modisch | muodikas | [muodikɑs] |

Modedesigner (m)	mallisuunnittelija	[malli·su:nnittelija]
Kragen (m)	kaulus	[kaulus]
Tasche (f)	tasku	[tasku]
Taschen-	tasku-	[tasku]
Ärmel (m)	hiha	[hiħa]
Aufhänger (m)	raksi	[raksi]
Hosenschlitz (m)	halkio	[halkio]

Reißverschluss (m)	vetoketju	[ueto·ketju]
Verschluss (m)	kiinnitin	[ki:nnitin]
Knopf (m)	nappi	[nappi]
Knopfloch (n)	napinläpi	[napin·læpi]
abgehen (Knopf usw.)	irrota	[irrota]

nähen (vi, vt)	ommella	[ommella]
sticken (vt)	kirjoa	[kirjoa]
Stickerei (f)	kirjonta	[kirjonta]
Nadel (f)	neula	[neula]
Faden (m)	lanka	[laŋka]
Naht (f)	sauma	[sauma]

sich beschmutzen	tahraantua	[tahra:ntua]
Fleck (m)	tahra	[tahra]
sich knittern	rypistyä	[rypistyæ]
zerreißen (vt)	repiä	[repiæ]
Motte (f)	koi	[koj]

39. Kosmetikartikel. Kosmetik

Zahnpasta (f)	hammastahna	[hammas·tahna]
Zahnbürste (f)	hammasharja	[hammas·harja]
Zähne putzen	harjata hampaita	[harjata hampajta]

Rasierer (m)	partahöylä	[parta·ħøylæ]
Rasiercreme (f)	partavaahdoke	[parta·ua:hdoke]
sich rasieren	ajaa parta	[aja: parta]

| Seife (f) | saippua | [sajppua] |
| Shampoo (n) | sampoo | [sampo:] |

Schere (f)	sakset	[sakset]
Nagelfeile (f)	kynsiviila	[kynsi·ui:la]
Nagelzange (f)	kynsileikkuri	[kynsi·lejkkuri]
Pinzette (f)	pinsetit	[pinsetit]

Kosmetik (f)	meikki	[mejkki]
Gesichtsmaske (f)	kasvonaamio	[kasuo·na:mio]
Maniküre (f)	manikyyri	[maniky:ri]
Maniküre machen	hoitaa kynsiä	[hojta: kynsiæ]
Pediküre (f)	jalkahoito	[jalka·hojto]

Kosmetiktasche (f)	meikkipussi	[mejkki·pussi]
Puder (m)	puuteri	[puːteri]
Puderdose (f)	puuterirasia	[puːteri·rasia]
Rouge (n)	poskipuna	[poski·puna]

Parfüm (n)	parfyymi	[parfyːmi]
Duftwasser (n)	eau de toilette, hajuvesi	[oˑdeˑtualet], [hajuˑuesi]
Lotion (f)	kasvovesi	[kasuoˑuesi]
Kölnischwasser (n)	kölninvesi	[kølninˑuesi]

Lidschatten (m)	luomiväri	[luomiˑuæri]
Kajalstift (m)	rajauskynä	[rajausˑkynæ]
Wimperntusche (f)	ripsiväri	[ripsiˑuæri]

Lippenstift (m)	huulipuna	[huːliˑpuna]
Nagellack (m)	kynsilakka	[kynsiˑlakka]
Haarlack (m)	hiuslakka	[hiusˑlakka]
Deodorant (n)	deodorantti	[deodorantti]

Creme (f)	voide	[uojde]
Gesichtscreme (f)	kasvovoide	[kasuoˑuojde]
Handcreme (f)	käsivoide	[kæsiˑuojde]
Anti-Falten-Creme (f)	ryppyvoide	[ryppyˑuojde]
Tagescreme (f)	päivävoide	[pæjuæˑuojde]
Nachtcreme (f)	yövoide	[yøˑuojde]
Tages-	päivä-	[pæjuæ]
Nacht-	yö-	[yø]

Tampon (m)	tamponi	[tamponi]
Toilettenpapier (n)	vessapaperi	[uessaˑpaperi]
Föhn (m)	hiustenkuivaaja	[hiusteŋˑkujuaːja]

40. Armbanduhren Uhren

Armbanduhr (f)	rannekello	[ranneˑkello]
Zifferblatt (n)	kellotaulu	[kelloˑtaulu]
Zeiger (m)	osoitin	[osojtin]
Metallarmband (n)	metalliranneke	[metalliˑranneke]
Uhrenarmband (n)	ranneke	[ranneke]

Batterie (f)	paristo	[paristo]
verbraucht sein	olla tyhjä	[olla tyhjæ]
die Batterie wechseln	vaihtaa paristo	[uajhtaː paristo]
vorgehen (vi)	edistää	[edistæː]
nachgehen (vi)	jätättää	[ætættæː]

Wanduhr (f)	seinäkello	[sejnæˑkello]
Sanduhr (f)	tiimalasi	[tiːmalasi]
Sonnenuhr (f)	aurinkokello	[auriŋkoˑkello]
Wecker (m)	herätyskello	[herætysˑkello]

Uhrmacher (m)	**kelloseppä**	[kello·seppæ]
reparieren (vt)	**korjata**	[korjɑtɑ]

ALLTAGSERFAHRUNG

T&P Books Publishing

41. Geld

Geld (n)	**raha, rahat**	[raɦa], [raɦat]
Austausch (m)	**valuutanvaihto**	[ʋalu:tan·ʋajhto]
Kurs (m)	**kurssi**	[kurssi]
Geldautomat (m)	**pankkiautomaatti**	[paŋkki·automa:tti]
Münze (f)	**kolikko**	[kolikko]
Dollar (m)	**dollari**	[dollari]
Euro (m)	**euro**	[euro]
Lira (f)	**liira**	[li:ra]
Mark (f)	**markka**	[markka]
Franken (m)	**frangi**	[fraŋi]
Pfund Sterling (n)	**punta**	[punta]
Yen (m)	**jeni**	[jeni]
Schulden (pl)	**velka**	[ʋelka]
Schuldner (m)	**velallinen**	[ʋelallinen]
leihen (vt)	**lainata jollekulle**	[lajnata jolekulle]
leihen, borgen (Geld usw.)	**lainata joltakulta**	[lajnata joltakulta]
Bank (f)	**pankki**	[paŋkki]
Konto (n)	**tili**	[tili]
einzahlen (vt)	**tallettaa**	[talletta:]
auf ein Konto einzahlen	**tallettaa rahaa tilille**	[talletta: raɦa: tilille]
abheben (vt)	**nostaa rahaa tililtä**	[nosta: raɦa: tililta]
Kreditkarte (f)	**luottokortti**	[luotto·kortti]
Bargeld (n)	**käteinen**	[kætejnen]
Scheck (m)	**sekki**	[sekki]
einen Scheck schreiben	**kirjoittaa shekki**	[kirjoitta: ʃekki]
Scheckbuch (n)	**sekkivihko**	[sekki·ʋihko]
Geldtasche (f)	**lompakko**	[lompakko]
Geldbeutel (m)	**kukkaro**	[kukkaro]
Safe (m)	**kassakaappi**	[kassa·ka:ppi]
Erbe (m)	**perillinen**	[perillinen]
Erbschaft (f)	**perintö**	[perintø]
Vermögen (n)	**varallisuus**	[ʋarallisu:s]
Pacht (f)	**vuokraus**	[ʋuokraus]
Miete (f)	**asuntovuokra**	[asunto·ʋuokra]
mieten (vt)	**vuokrata**	[ʋuokrata]
Preis (m)	**hinta**	[hinta]

| Kosten (pl) | hinta | [hinta] |
| Summe (f) | summa | [summa] |

ausgeben (vt)	kuluttaa	[kulutta:]
Ausgaben (pl)	kulut	[kulut]
sparen (vt)	säästäväisesti	[sæ:stæʋæjsesti]
sparsam	säästäväinen	[sæ:stæʋæjnen]

zahlen (vt)	maksaa	[maksa:]
Lohn (m)	maksu	[maksu]
Wechselgeld (n)	vaihtoraha	[ʋajhto·raha]

Steuer (f)	vero	[ʋero]
Geldstrafe (f)	sakko	[sakko]
bestrafen (vt)	sakottaa	[sakotta:]

42. Post. Postdienst

Post (Postamt)	posti	[posti]
Post (Postsendungen)	posti	[posti]
Briefträger (m)	postinkantaja	[postiŋ·kantaja]
Öffnungszeiten (pl)	virka-aika	[ʋirka·ajka]

Brief (m)	kirje	[kirje]
Einschreibebrief (m)	kirjattu kirje	[kirjattu kirje]
Postkarte (f)	postikortti	[posti·kortti]
Telegramm (n)	sähke	[sæhke]
Postpaket (n)	paketti	[paketti]
Geldanweisung (f)	rahalähetys	[raha·læhetys]

bekommen (vt)	vastaanottaa	[ʋasta:notta:]
abschicken (vt)	lähettää	[læhettæ:]
Absendung (f)	lähettäminen	[læhettæminen]
Postanschrift (f)	osoite	[osojte]
Postleitzahl (f)	postinumero	[posti·numero]
Absender (m)	lähettäjä	[læhettæjæ]
Empfänger (m)	saaja, vastaanottaja	[sa:ja], [ʋasta:nottaja]

| Vorname (m) | nimi | [nimi] |
| Nachname (m) | sukunimi | [suku·nimi] |

Tarif (m)	hinta, tariffi	[hinta], [tariffi]
Standard- (Tarif)	tavallinen	[taʋallinen]
Spar- (-tarif)	edullinen	[edullinen]

Gewicht (n)	paino	[pajno]
abwiegen (vt)	punnita	[punnita]
Briefumschlag (m)	kirjekuori	[kirje·kuori]
Briefmarke (f)	postimerkki	[posti·merkki]
Briefmarke aufkleben	liimata postimerkki	[li:mata posti·merkki]

43. Bankgeschäft

| Bank (f) | pankki | [paŋkki] |
| Filiale (f) | osasto | [osasto] |

| Berater (m) | neuvoja | [neuʋoja] |
| Leiter (m) | johtaja | [johtaja] |

Konto (n)	tili	[tili]
Kontonummer (f)	tilinumero	[tili·numero]
Kontokorrent (n)	käyttötili	[kæyttø·tili]
Sparkonto (n)	säästötili	[sæːstø·tili]

ein Konto eröffnen	avata tili	[aʋata tili]
das Konto schließen	kuolettaa tili	[kuoletta: tili]
einzahlen (vt)	tallettaa rahaa tilille	[talletta: raha: tilille]
abheben (vt)	nostaa rahaa tililtä	[nosta: raha: tililta]

Einzahlung (f)	talletus	[talletus]
eine Einzahlung machen	tallettaa	[talletta:]
Überweisung (f)	rahansiirto	[rahan·si:rto]
überweisen (vt)	siirtää	[si:rtæ:]

| Summe (f) | summa | [summa] |
| Wieviel? | paljonko | [paljoŋko] |

| Unterschrift (f) | allekirjoitus | [alle·kirjoitus] |
| unterschreiben (vt) | allekirjoittaa | [allekirjoitta:] |

Kreditkarte (f)	luottokortti	[luotto·kortti]
Code (m)	koodi	[ko:di]
Kreditkartennummer (f)	luottokortin numero	[luotto·kortin numero]
Geldautomat (m)	pankkiautomaatti	[paŋkki·automa:tti]

Scheck (m)	sekki	[sekki]
einen Scheck schreiben	kirjoittaa sekki	[kirjoitta: sekki]
Scheckbuch (n)	sekkivihko	[sekki·ʋihko]

Darlehen (m)	laina	[lajna]
ein Darlehen beantragen	hakea lainaa	[hakea lajna:]
ein Darlehen aufnehmen	saada lainaa	[sa:da lajna:]
ein Darlehen geben	antaa lainaa	[anta: lajna:]
Sicherheit (f)	takuu	[taku:]

44. Telefon. Telefongespräche

Telefon (n)	puhelin	[puhelin]
Mobiltelefon (n)	matkapuhelin	[matka·puhelin]
Anrufbeantworter (m)	puhelinvastaaja	[puhelin·ʋasta:ja]

| anrufen (vt) | soittaa | [sojtta:] |
| Anruf (m) | soitto, puhelu | [sojtto], [puĥelu] |

eine Nummer wählen	valita numero	[ualita numero]
Hallo!	Hei!	[hej]
fragen (vt)	kysyä	[kysyæ]
antworten (vi)	vastata	[uastata]

hören (vt)	kuulla	[ku:lla]
gut (~ aussehen)	hyvin	[hyuin]
schlecht (Adv)	huonosti	[huonosti]
Störungen (pl)	häiriöt	[hæjriøt]

Hörer (m)	kuuloke	[ku:loke]
den Hörer abnehmen	nostaa luuri	[nosta: lu:ri]
auflegen (den Hörer ~)	lopettaa puhelu	[lopetta: puĥelu]

besetzt	varattu	[uarattu]
läuten (vi)	soittaa	[sojtta:]
Telefonbuch (n)	puhelinluettelo	[puĥelin·luettelo]

Orts-	paikallis-	[pajkallis]
Ortsgespräch (n)	paikallispuhelu	[pajkallis·puĥelu]
Auslands-	ulkomaa	[ulkoma:]
Auslandsgespräch (n)	ulkomaanpuhelu	[ulkoma:n·puĥelu]
Fern-	kauko-	[kauko]
Ferngespräch (n)	kaukopuhelu	[kauko·puĥelu]

45. Mobiltelefon

Mobiltelefon (n)	matkapuhelin	[matka·puĥelin]
Display (n)	näyttö	[næyttø]
Knopf (m)	näppäin	[næppæjɾ]
SIM-Karte (f)	SIM-kortti	[sim·kortti]

Batterie (f)	paristo	[paristo]
leer sein (Batterie)	olla tyhjä	[olla tyhjæ]
Ladegerät (n)	laturi	[laturi]

Menü (n)	valikko	[ualikko]
Einstellungen (pl)	asetukset	[asetukset]
Melodie (f)	melodia	[melodia]
auswählen (vt)	valita	[ualita]

Rechner (m)	laskin	[laskin]
Anrufbeantworter (m)	puhelinvastaaja	[puĥelin·uasta:ja]
Wecker (m)	herätyskello	[herætys·kello]
Kontakte (pl)	puhelinluettelo	[puĥelin·luettelo]
SMS-Nachricht (f)	tekstiviesti	[teksti·uiesti]
Teilnehmer (m)	tilaaja	[tila:ja]

46. Bürobedarf

Kugelschreiber (m)	täytekynä	[tæyte·kynæ]
Federhalter (m)	sulkakynä	[sulka·kynæ]
Bleistift (m)	lyijykynä	[lyjy·kynæ]
Faserschreiber (m)	korostuskynä	[korostus·kynæ]
Filzstift (m)	huopakynä	[huopa·kynæ]
Notizblock (m)	lehtiö	[lehtiø]
Terminkalender (m)	päiväkirja	[pæjʊæ·kirja]
Lineal (n)	viivoitin	[ʋi:ʋojtin]
Rechner (m)	laskin	[laskin]
Radiergummi (m)	kumi	[kumi]
Reißzwecke (f)	nasta	[nasta]
Heftklammer (f)	paperiliitin	[paperi·li:tin]
Klebstoff (m)	liima	[li:ma]
Hefter (m)	nitoja	[nitoja]
Locher (m)	rei'itin	[rej·itin]
Bleistiftspitzer (m)	teroitin	[terojtin]

47. Fremdsprachen

Sprache (f)	kieli	[kieli]
Fremd-	vieras	[ʋieras]
Fremdsprache (f)	vieras kieli	[ʋieras kieli]
studieren (z.B. Jura ~)	opiskella	[opiskella]
lernen (Englisch ~)	opetella	[opetella]
lesen (vi, vt)	lukea	[lukea]
sprechen (vi, vt)	puhua	[puhua]
verstehen (vt)	ymmärtää	[ymmærtæ:]
schreiben (vi, vt)	kirjoittaa	[kirjoitta:]
schnell (Adv)	nopeasti	[nopeasti]
langsam (Adv)	hitaasti	[hita:sti]
fließend (Adv)	sujuvasti	[sujuʋasti]
Regeln (pl)	säännöt	[sæ:nnøt]
Grammatik (f)	kielioppi	[kieli·oppi]
Vokabular (n)	sanasto	[sanasto]
Phonetik (f)	fonetiikka	[foneti:kka]
Lehrbuch (n)	oppikirja	[oppi·kirja]
Wörterbuch (n)	sanakirja	[sana·kirja]
Selbstlernbuch (n)	itseopiskeluopas	[itseopiskelu·opas]
Sprachführer (m)	fraasisanakirja	[fra:si·sana·kirja]

Kassette (f)	kasetti	[kasetti]
Videokassette (f)	videokasetti	[uideo·kasetti]
CD (f)	CD-levy	[sede·leuy]
DVD (f)	DVD-levy	[deuede·leuy]

Alphabet (n)	aakkoset	[ɑːkkoset]
buchstabieren (vt)	kirjoittaa	[kirjoittɑː]
Aussprache (f)	artikulaatio	[artikulɑːtio]

Akzent (m)	korostus	[korostus]
mit Akzent	vieraasti korostaen	[uierɑːsti korostaen]
ohne Akzent	ilman korostusta	[ilman korostusta]

| Wort (n) | sana | [sana] |
| Bedeutung (f) | merkitys | [merkitys] |

Kurse (pl)	kurssi	[kurssi]
sich einschreiben	ilmoittautua	[ilmojttautua]
Lehrer (m)	opettaja	[opettaja]

Übertragung (f)	kääntäminen	[kæːntæminen]
Übersetzung (f)	käännös	[kæːnnøs]
Übersetzer (m)	kääntäjä	[kæːntæjæ]
Dolmetscher (m)	tulkki	[tulkki]

| Polyglott (m, f) | monikielinen | [moni·kielinen] |
| Gedächtnis (n) | muisti | [mujsti] |

MAHLZEITEN. RESTAURANT

48. Gedeck

Löffel (m)	lusikka	[lusikka]
Messer (n)	veitsi	[ʋejtsi]
Gabel (f)	haarukka	[haːrukka]

Tasse (eine ~ Tee)	kuppi	[kuppi]
Teller (m)	lautanen	[lautanen]
Untertasse (f)	teevati	[teːʋati]
Serviette (f)	lautasliina	[lautas·liːna]
Zahnstocher (m)	hammastikku	[hammas·tikku]

49. Restaurant

Restaurant (n)	ravintola	[raʋintola]
Kaffeehaus (n)	kahvila	[kahʋila]
Bar (f)	baari	[baːri]
Teesalon (m)	teehuone	[teːhuone]

Kellner (m)	tarjoilija	[tarjoilija]
Kellnerin (f)	tarjoilijatar	[tarjoilijatar]
Barmixer (m)	baarimestari	[baːri·mestari]
Speisekarte (f)	ruokalista	[ruoka·lista]
Weinkarte (f)	viinilista	[ʋiːni·lista]
einen Tisch reservieren	varata pöytä	[ʋarata pøytæ]
Gericht (n)	ruokalaji	[ruoka·laji]
bestellen (vt)	tilata	[tilata]
eine Bestellung aufgeben	tilata	[tilata]

Aperitif (m)	aperitiivi	[aperitiːʋi]
Vorspeise (f)	alkupala	[alku·pala]
Nachtisch (m)	jälkiruoka	[jælki·ruoka]

Rechnung (f)	lasku	[lasku]
Rechnung bezahlen	maksaa lasku	[maksaː lasku]
das Wechselgeld geben	antaa vaihtorahaa	[antaː ʋajhtoraha:]
Trinkgeld (n)	juomaraha	[juoma·raha]

50. Mahlzeiten

Essen (n)	ruoka	[ruoka]
essen (vi, vt)	syödä	[syødæ]

Frühstück (n)	aamiainen	[ɑːmiɑjnen]
frühstücken (vi)	syödä aamiaista	[syødæ ɑːmiɑjstɑ]
Mittagessen (n)	lounas	[lounɑs]
zu Mittag essen	syödä lounasta	[syødæ lounɑstɑ]
Abendessen (n)	illallinen	[illɑllinen]
zu Abend essen	syödä illallista	[syødæ illɑllistɑ]

| Appetit (m) | ruokahalu | [ruoka·hɑlu] |
| Guten Appetit! | Hyvää ruokahalua! | [hyʋæː ruokɑhɑluɑ] |

öffnen (vt)	avata	[aʋɑtɑ]
verschütten (vt)	läikyttää	[læjkyttæː]
verschüttet werden	läikkyä	[læjkkyæ]

kochen (vi)	kiehua	[kiehuɑ]
kochen (Wasser ~)	keittää	[kejttæː]
gekocht (Adj)	keitetty	[kejtetty]
kühlen (vt)	jäähdyttää	[jæːhdyttæː]
abkühlen (vi)	jäähtyä	[jæːhtyæ]

| Geschmack (m) | maku | [mɑku] |
| Beigeschmack (m) | sivumaku | [siʋu·mɑku] |

auf Diät sein	olla dieetillä	[ollɑ dieːtilæ]
Diät (f)	dieetti	[dieːti]
Vitamin (n)	vitamiini	[ʋitɑmiːni]
Kalorie (f)	kalori	[kɑlori]
Vegetarier (m)	kasvissyöjä	[kɑsʋissyøjæ]
vegetarisch (Adj)	kasvis-	[kɑsʋis]

Fett (n)	rasvat	[rɑsʋɑt]
Protein (n)	proteiinit	[protei:nit]
Kohlenhydrat (n)	hiilihydraatit	[hiːliˑhydrɑːtit]
Scheibchen (n)	viipale	[ʋiːpɑle]
Stück (ein ~ Kuchen)	pala, viipale	[pɑlɑ], [ʋiːpɑle]
Krümel (m)	muru	[muru]

51. Gerichte

Gericht (n)	ruokalaji	[ruoka·lɑji]
Küche (f)	keittiö	[kejttiø]
Rezept (n)	resepti	[resepti]
Portion (f)	annos	[ɑnnos]

| Salat (m) | salaatti | [sɑlɑːtti] |
| Suppe (f) | keitto | [kejtto] |

Brühe (f), Bouillon (f)	liemi	[liemi]
belegtes Brot (n)	voileipä	[ʋojˑlejpæ]
Spiegelei (n)	paistettu muna	[pɑjstettu munɑ]

Hamburger (m)	hampurilainen	[hampurilajnen]
Beefsteak (n)	pihvi	[pihʋi]

Beilage (f)	lisäke	[lisæke]
Spaghetti (pl)	spagetti	[spagetti]
Kartoffelpüree (n)	perunasose	[peruna·sose]
Pizza (f)	pizza	[pitsa]
Brei (m)	puuro	[pu:ro]
Omelett (n)	munakas	[munakas]

gekocht	keitetty	[kejtetty]
geräuchert	savustettu	[saʋustettu]
gebraten	paistettu	[pajstettu]
getrocknet	kuivattu	[kujʋattu]
tiefgekühlt	jäädytetty	[jæ:dytetty]
mariniert	säilötty	[sæjløtty]

süß	makea	[makea]
salzig	suolainen	[suolajnen]
kalt	kylmä	[kylmæ]
heiß	kuuma	[ku:ma]
bitter	karvas	[karʋas]
lecker	maukas	[maukas]

kochen (vt)	keittää	[kejttæ:]
zubereiten (vt)	laittaa ruokaa	[lajtta: ruoka:]
braten (vt)	paistaa	[pajsta:]
aufwärmen (vt)	lämmittää	[læmmittæ:]

salzen (vt)	suolata	[suolata]
pfeffern (vt)	pippuroida	[pippurojda]
reiben (vt)	raastaa	[ra:sta:]
Schale (f)	kuori	[kuori]
schälen (vt)	kuoria	[kuoria]

52. Essen

Fleisch (n)	liha	[liha]
Hühnerfleisch (n)	kana	[kana]
Küken (n)	kananpoika	[kanan·pojka]
Ente (f)	ankka	[aŋkka]
Gans (f)	hanhi	[hanhi]
Wild (n)	riista	[ri:sta]
Pute (f)	kalkkuna	[kalkkuna]

Schweinefleisch (n)	sianliha	[sian·liha]
Kalbfleisch (n)	vasikanliha	[ʋasikan·liha]
Hammelfleisch (n)	lampaanliha	[lampa:n·liha]
Rindfleisch (n)	naudanliha	[naudan·liha]
Kaninchenfleisch (n)	kaniini	[kani:ni]

Wurst (f)	makkara	[makkara]
Würstchen (n)	nakki	[nakki]
Schinkenspeck (m)	pekoni	[pekoni]
Schinken (m)	kinkku	[kiŋkku]
Räucherschinken (m)	savustettu kinkku	[savustettu kiŋkku]

Pastete (f)	patee	[pate:]
Leber (f)	maksa	[maksa]
Hackfleisch (n)	jauheliha	[jauhe·liha]
Zunge (f)	kieli	[kieli]

Ei (n)	muna	[muna]
Eier (pl)	munat	[munat]
Eiweiß (n)	valkuainen	[valku·ajnen]
Eigelb (n)	keltuainen	[keltuajnen]

Fisch (m)	kala	[kala]
Meeresfrüchte (pl)	meren antimet	[meren antimet]
Krebstiere (pl)	äyriäiset	[æyriæjset]
Kaviar (m)	kaviaari	[kavia:ri]

Krabbe (f)	kuningasrapu	[kuniŋas·rapu]
Garnele (f)	katkarapu	[katkarapu]
Auster (f)	osteri	[osteri]
Languste (f)	langusti	[laŋusti]
Krake (m)	meritursas	[meri·tursas]
Kalmar (m)	kalmari	[kalmari]

Störfleisch (n)	sampi	[sampi]
Lachs (m)	lohi	[lohi]
Heilbutt (m)	pallas	[pallas]

Dorsch (m)	turska	[turska]
Makrele (f)	makrilli	[makrilli]
Tunfisch (m)	tonnikala	[tonnikala]
Aal (m)	ankerias	[aŋkerias]

Forelle (f)	taimen	[tajmen]
Sardine (f)	sardiini	[sardi:ni]
Hecht (m)	hauki	[hauki]
Hering (m)	silli	[silli]

Brot (n)	leipä	[lejpæ]
Käse (m)	juusto	[ju:sto]
Zucker (m)	sokeri	[sokeri]
Salz (n)	suola	[suola]

Reis (m)	riisi	[ri:si]
Teigwaren (pl)	pasta, makaroni	[pasta], [makaroni]
Nudeln (pl)	nuudeli	[nu:deli]
Butter (f)	voi	[voj]
Pflanzenöl (n)	kasviöljy	[kasvi·øljy]

Sonnenblumenöl (n)	auringonkukkaöljy	[auriŋon·kukka·øljy]
Margarine (f)	margariini	[margari:ni]

Oliven (pl)	oliivit	[oli:ʋit]
Olivenöl (n)	oliiviöljy	[oli:ʋi·øljy]

Milch (f)	maito	[majto]
Kondensmilch (f)	maitotiiviste	[majto·ti:ʋiste]
Joghurt (m)	jogurtti	[jogurtti]
saure Sahne (f)	hapankerma	[hapan·kerma]
Sahne (f)	kerma	[kerma]

Mayonnaise (f)	majoneesi	[majone:si]
Buttercreme (f)	kreemi	[kre:mi]

Grütze (f)	suurimot	[su:rimot]
Mehl (n)	jauhot	[jauhot]
Konserven (pl)	säilyke	[sæjlyke]

Maisflocken (pl)	maissimurot	[majssi·murot]
Honig (m)	hunaja	[hunaja]
Marmelade (f)	hillo	[hillo]
Kaugummi (m, n)	purukumi	[puru·kumi]

53. Getränke

Wasser (n)	vesi	[ʋesi]
Trinkwasser (n)	juomavesi	[juoma·ʋesi]
Mineralwasser (n)	kivennäisvesi	[kiʋennæjs·ʋesi]

still	ilman hiilihappoa	[ilman hi:li·happoa]
mit Kohlensäure	hiilihappovettä	[hi:li·happoʋetta]
mit Gas	hiilihappoinen	[hi:li·happojnen]
Eis (n)	jää	[jæ:]
mit Eis	jään kanssa	[jæ:n kanssa]

alkoholfrei (Adj)	alkoholiton	[alkoholiton]
alkoholfreies Getränk (n)	alkoholiton juoma	[alkoholiton juoma]
Erfrischungsgetränk (n)	virvoitusjuoma	[ʋirʋojtus·juoma]
Limonade (f)	limonadi	[limonadi]

Spirituosen (pl)	alkoholijuomat	[alkoholi·juomat]
Wein (m)	viini	[ʋi:ni]
Weißwein (m)	valkoviini	[ʋalko·ʋi:ni]
Rotwein (m)	punaviini	[puna·ʋi:ni]

Likör (m)	likööri	[likø:ri]
Champagner (m)	samppanja	[samppanja]
Wermut (m)	vermutti	[ʋermutti]
Whisky (m)	viski	[ʋiski]

Wodka (m)	votka, vodka	[votka], [vodka]
Gin (m)	gini	[gini]
Kognak (m)	konjakki	[konjakki]
Rum (m)	rommi	[rommi]

Kaffee (m)	kahvi	[kahvi]
schwarzer Kaffee (m)	musta kahvi	[musta kahvi]
Milchkaffee (m)	maitokahvi	[majto·kahvi]
Cappuccino (m)	cappuccino	[kaputʃi:no]
Pulverkaffee (m)	murukahvi	[muru·kahvi]

Milch (f)	maito	[majto]
Cocktail (m)	cocktail	[koktejl]
Milchcocktail (m)	pirtelö	[pirtelø]

Saft (m)	mehu	[meħu]
Tomatensaft (m)	tomaattimehu	[toma:tti·meħu]
Orangensaft (m)	appelsiinimehu	[appelsi:ni·meħu]
frisch gepresster Saft (m)	tuoremehu	[tuore·meħu]

Bier (n)	olut	[olut]
Helles (n)	vaalea olut	[va:lea olut]
Dunkelbier (n)	tumma olut	[tumma olut]

Tee (m)	tee	[te:]
schwarzer Tee (m)	musta tee	[musta te:]
grüner Tee (m)	vihreä tee	[vihreæ te:]

54. Gemüse

| Gemüse (n) | vihannekset | [viħannekset] |
| grünes Gemüse (pl) | lehtikasvikset | [lehti·kasvikset] |

Tomate (f)	tomaatti	[toma:tti]
Gurke (f)	kurkku	[kurkku]
Karotte (f)	porkkana	[porkkana]
Kartoffel (f)	peruna	[peruna]
Zwiebel (f)	sipuli	[sipuli]
Knoblauch (m)	valkosipuli	[valko·sipuli]

Kohl (m)	kaali	[ka:li]
Blumenkohl (m)	kukkakaali	[kukka·ka:li]
Rosenkohl (m)	brysselinkaali	[brysselin·ka:li]
Brokkoli (m)	parsakaali	[parsa·ka:li]

Rote Bete (f)	punajuuri	[puna·ju:ri]
Aubergine (f)	munakoiso	[muna·kojso]
Zucchini (f)	kesäkurpitsa	[kesæ·kurpitsa]
Kürbis (m)	kurpitsa	[kurpitsa]
Rübe (f)	nauris	[nauris]

Petersilie (f)	persilja	[persilja]
Dill (m)	tilli	[tilli]
Kopf Salat (m)	lehtisalaatti	[lehti·sala:tti]
Sellerie (m)	selleri	[selleri]
Spargel (m)	parsa	[parsa]
Spinat (m)	pinaatti	[pina:tti]

Erbse (f)	herne	[herne]
Bohnen (pl)	pavut	[pavut]
Mais (m)	maissi	[majssi]
weiße Bohne (f)	pavut	[pavut]

Paprika (m)	paprika	[paprika]
Radieschen (n)	retiisi	[reti:si]
Artischocke (f)	artisokka	[artisokka]

55. Obst. Nüsse

Frucht (f)	hedelmä	[hedelmæ]
Apfel (m)	omena	[omena]
Birne (f)	päärynä	[pæ:rynæ]
Zitrone (f)	sitruuna	[sitru:na]
Apfelsine (f)	appelsiini	[appelsi:ni]
Erdbeere (f)	mansikka	[mansikka]

Mandarine (f)	mandariini	[mandari:ni]
Pflaume (f)	luumu	[lu:mu]
Pfirsich (m)	persikka	[persikka]
Aprikose (f)	aprikoosi	[apriko:si]
Himbeere (f)	vadelma	[vadelma]
Ananas (f)	ananas	[ananas]

Banane (f)	banaani	[bana:ni]
Wassermelone (f)	vesimeloni	[vesi·meloni]
Weintrauben (pl)	viinirypäleet	[vi:ni·rypæle:t]
Sauerkirsche (f)	hapankirsikka	[hapan·kirsikka]
Süßkirsche (f)	linnunkirsikka	[linnun·kirsikka]
Melone (f)	meloni	[meloni]

Grapefruit (f)	greippi	[grejppi]
Avocado (f)	avokado	[avokado]
Papaya (f)	papaija	[papaija]
Mango (f)	mango	[maŋo]
Granatapfel (m)	granaattiomena	[grana:tti·omena]

rote Johannisbeere (f)	punaherukka	[puna·herukka]
schwarze Johannisbeere (f)	mustaherukka	[musta·herukka]
Stachelbeere (f)	karviainen	[karviajnen]
Heidelbeere (f)	mustikka	[mustikka]

Brombeere (f)	karhunvatukka	[karhun·vatukka]
Rosinen (pl)	rusina	[rusina]
Feige (f)	viikuna	[ui:kuna]
Dattel (f)	taateli	[ta:teli]

Erdnuss (f)	maapähkinä	[ma:pæhkinæ]
Mandel (f)	manteli	[manteli]
Walnuss (f)	saksanpähkinä	[saksan·pæhkinæ]
Haselnuss (f)	hasselpähkinä	[hassel·pæhkinæ]
Kokosnuss (f)	kookospähkinä	[ko:kos·pæhkinæ]
Pistazien (pl)	pistaasi	[pista:si]

56. Brot. Süßigkeiten

Konditorwaren (pl)	konditoriatuotteet	[konditorja·tuotte:t]
Brot (n)	leipä	[lejpæ]
Keks (m, n)	keksit	[keksit]

Schokolade (f)	suklaa	[sukla:]
Schokoladen-	suklaa-	[sukla:]
Bonbon (m, n)	karamelli	[karamelli]
Kuchen (m)	leivos	[lejuos]
Torte (f)	kakku	[kakku]

| Kuchen (Apfel-) | piirakka | [pi:rakka] |
| Füllung (f) | täyte | [tæyte] |

Konfitüre (f)	hillo	[hillo]
Marmelade (f)	marmeladi	[marmeladi]
Waffeln (pl)	vohvelit	[uohuelit]
Eis (n)	jäätelö	[jæ:telø]
Pudding (m)	vanukas	[vanukas]

57. Gewürze

Salz (n)	suola	[suola]
salzig (Adj)	suolainen	[suolajnen]
salzen (vt)	suolata	[suolata]

schwarzer Pfeffer (m)	musta pippuri	[musta pippuri]
roter Pfeffer (m)	kuuma pippuri	[ku:ma pippuri]
Senf (m)	sinappi	[sinappi]
Meerrettich (m)	piparjuuri	[pipar·ju:ri]

Gewürz (n)	höyste	[høyste]
Gewürz (n)	mauste	[mauste]
Soße (f)	kastike	[kastike]
Essig (m)	etikka	[etikka]

Anis (m)	**anis**	[ɑnis]
Basilikum (n)	**basilika**	[bɑsilikɑ]
Nelke (f)	**neilikka**	[nejlikkɑ]
Ingwer (m)	**inkivääri**	[iŋkiʋæːri]
Koriander (m)	**korianteri**	[koriɑnteri]
Zimt (m)	**kaneli**	[kɑneli]

Sesam (m)	**seesami**	[seːsɑmi]
Lorbeerblatt (n)	**laakerinlehti**	[lɑːkerin·lehti]
Paprika (m)	**paprika**	[pɑprikɑ]
Kümmel (m)	**kumina**	[kuminɑ]
Safran (m)	**sahrami**	[sɑhrɑmi]

PERSÖNLICHE
INFORMATIONEN. FAMILIE

T&P Books Publishing

Vorname (m)	nimi	[nimi]
Name (m)	sukunimi	[suku·nimi]
Geburtsdatum (n)	syntymäpäivä	[syntymæ·pæjuæ]
Geburtsort (m)	syntymäpaikka	[syntymæ·pajkka]

Nationalität (f)	kansallisuus	[kansallisu:s]
Wohnort (m)	asuinpaikka	[asujn·pajkka]
Land (n)	maa	[ma:]
Beruf (m)	ammatti	[ammatti]

Geschlecht (n)	sukupuoli	[suku·puoli]
Größe (f)	pituus	[pitu:s]
Gewicht (n)	paino	[pajno]

Mutter (f)	äiti	[æjti]
Vater (m)	isä	[isæ]
Sohn (m)	poika	[pojka]
Tochter (f)	tytär	[tytær]

jüngste Tochter (f)	nuorempi tytär	[nuorempi tytær]
jüngste Sohn (m)	nuorempi poika	[nuorempi pojka]
ältere Tochter (f)	vanhempi tytär	[uanhempi tytær]
älterer Sohn (m)	vanhempi poika	[uanhempi pojka]

Bruder (m)	veli	[ueli]
älterer Bruder (m)	vanhempi veli	[uanhempi ueli]
jüngerer Bruder (m)	nuorempi veli	[nuorempi ueli]
Schwester (f)	sisar	[sisar]
ältere Schwester (f)	vanhempi sisar	[uanhempi sisar]
jüngere Schwester (f)	nuorempi sisar	[nuorempi sisar]

Cousin (m)	serkku	[serkku]
Cousine (f)	serkku	[serkku]
Mama (f)	äiti	[æjti]
Papa (m)	isä	[isæ]
Eltern (pl)	vanhemmat	[uanhemmat]
Kind (n)	lapsi	[lapsi]
Kinder (pl)	lapset	[lapset]
Großmutter (f)	isoäiti	[iso·æjti]
Großvater (m)	isoisä	[iso·isæ]

Enkel (m)	lapsenlapsi	[lapsen·lapsi]
Enkelin (f)	lapsenlapsi	[lapsen·lapsi]
Enkelkinder (pl)	lastenlapset	[lasten·lapset]

Onkel (m)	setä	[setæ]
Tante (f)	täti	[tæti]
Neffe (m)	veljenpoika	[ueljen·pojka]
Nichte (f)	sisarenpoika	[sisaren·pojka]

Schwiegermutter (f)	anoppi	[anoppi]
Schwiegervater (m)	appi	[appi]
Schwiegersohn (m)	vävy	[uæuy]
Stiefmutter (f)	äitipuoli	[æjti·puoli]
Stiefvater (m)	isäpuoli	[isæ·puoli]

Säugling (m)	rintalapsi	[rinta·lapsi]
Kleinkind (n)	vauva	[uauua]
Kleine (m)	lapsi, pienokainen	[lapsi], [pienokajnen]

Frau (f)	vaimo	[uajmo]
Mann (m)	mies	[mies]
Ehemann (m)	aviomies	[auiomies]
Gemahlin (f)	aviovaimo	[auiouajmo]

verheiratet (Ehemann)	naimisissa	[najmisissa]
verheiratet (Ehefrau)	naimisissa	[najmisissa]
ledig	naimaton	[najmaton]
Junggeselle (m)	poikamies	[pojkamies]
geschieden (Adj)	eronnut	[eronnut]
Witwe (f)	leski	[leski]
Witwer (m)	leski	[leski]

Verwandte (m)	sukulainen	[sukulajnen]
naher Verwandter (m)	lähisukulainen	[læhi·sukulajnen]
entfernter Verwandter (m)	kaukainen sukulainen	[kaukajnen sukulajnen]
Verwandte (pl)	sukulaiset	[sukulajset]

Waise (m, f)	orpo	[orpo]
Vormund (m)	holhooja	[holho:ja]
adoptieren (einen Jungen)	adoptoida	[adoptojda]
adoptieren (ein Mädchen)	adoptoida	[adoptojda]

60. Freunde. Arbeitskollegen

Freund (m)	ystävä	[ystæuæ]
Freundin (f)	ystävätär	[ystæuætær]
Freundschaft (f)	ystävyys	[ystæuy:s]
befreundet sein	olla ystäviä	[olla ystæuiæ]
Freund (m)	kaveri	[kaueri]
Freundin (f)	kaveri	[kaueri]

Partner (m)	**partneri**	[partneri]
Chef (m)	**esimies**	[esimies]
Vorgesetzte (m)	**päällikkö**	[pæːllikkø]
Besitzer (m)	**omistaja**	[omistaja]
Untergeordnete (m)	**alainen**	[alajnen]
Kollege (m), Kollegin (f)	**virkatoveri**	[ʋirka·toʋeri]
Bekannte (m)	**tuttava**	[tuttaʋa]
Reisegefährte (m)	**matkakumppani**	[matka·kumppani]
Mitschüler (m)	**luokkatoveri**	[luokka·toʋeri]
Nachbar (m)	**naapuri**	[naːpuri]
Nachbarin (f)	**naapuri**	[naːpuri]
Nachbarn (pl)	**naapurit**	[naːpurit]

MENSCHLICHER KÖRPER. MEDIZIN

T&P Books Publishing

61. Kopf

Kopf (m)	pää	[pæ:]
Gesicht (n)	kasvot	[kasʋot]
Nase (f)	nenä	[nenæ]
Mund (m)	suu	[su:]

Auge (n)	silmä	[silmæ]
Augen (pl)	silmät	[silmæt]
Pupille (f)	silmäterä	[silmæ·teræ]
Augenbraue (f)	kulmakarva	[kulma·karʋa]
Wimper (f)	ripsi	[ripsi]
Augenlid (n)	silmäluomi	[silmæ·luomi]

Zunge (f)	kieli	[kieli]
Zahn (m)	hammas	[hammas]
Lippen (pl)	huulet	[hu:let]
Backenknochen (pl)	poskipäät	[poski·pæ:t]
Zahnfleisch (n)	ien	[ien]
Gaumen (m)	kitalaki	[kitalaki]

Nasenlöcher (pl)	sieraimet	[sierajmet]
Kinn (n)	leuka	[leuka]
Kiefer (m)	leukaluu	[leuka·lu:]
Wange (f)	poski	[poski]

Stirn (f)	otsa	[otsa]
Schläfe (f)	ohimo	[oɦimo]
Ohr (n)	korva	[korʋa]
Nacken (m)	niska	[niska]
Hals (m)	kaula	[kaula]
Kehle (f)	kurkku	[kurkku]

Haare (pl)	hiukset	[hiukset]
Frisur (f)	kampaus	[kampaus]
Haarschnitt (m)	kampaus	[kampaus]
Perücke (f)	tekotukka	[teko·tukka]

Schnurrbart (m)	viikset	[ʋi:kset]
Bart (m)	parta	[parta]
haben (einen Bart ~)	pitää	[pitæ:]
Zopf (m)	letti	[letti]
Backenbart (m)	poskiparta	[poski·parta]

| rothaarig | punatukkainen | [puna·tukkajnen] |
| grau | harmaa | [harma:] |

| kahl | kalju | [kalju] |
| Glatze (f) | kaljuus | [kalju:s] |

| Pferdeschwanz (m) | poninhäntä | [ponin·hæntæ] |
| Pony (Ponyfrisur) | otsatukka | [otsa·tukka] |

62. Menschlicher Körper

| Hand (f) | käsi | [kæsi] |
| Arm (m) | käsivarsi | [kæsi·ʋarssi] |

Finger (m)	sormi	[sormi]
Zehe (f)	varvas	[ʋarʋas]
Daumen (m)	peukalo	[peukalo]
kleiner Finger (m)	pikkusormi	[pikku·sormi]
Nagel (m)	kynsi	[kynsi]

Faust (f)	nyrkki	[nyrkki]
Handfläche (f)	kämmen	[kæmmen]
Handgelenk (n)	ranne	[ranne]
Unterarm (m)	kyynärvarsi	[ky:nær·ʋarsi]
Ellbogen (m)	kyynärpää	[ky:nær·pæ:]
Schulter (f)	hartia	[hartia]

Bein (n)	jalka	[jalka]
Fuß (m)	jalkaterä	[jalka·teræ]
Knie (n)	polvi	[polʋi]
Wade (f)	pohje	[pohje]

| Hüfte (f) | reisi | [rejsi] |
| Ferse (f) | kantapää | [kantapæ:] |

Körper (m)	vartalo	[ʋartalo]
Bauch (m)	maha	[maɦa]
Brust (f)	rinta	[rinta]
Busen (m)	rinnat	[rinnat]
Seite (f), Flanke (f)	kylki	[kylki]
Rücken (m)	selkä	[selkæ]

| Kreuz (n) | ristiselkä | [risti·selkæ] |
| Taille (f) | vyötärö | [ʋyøtærø] |

Nabel (m)	napa	[napa]
Gesäßbacken (pl)	pakarat	[pakarat]
Hinterteil (n)	takapuoli	[taka·puoli]

Leberfleck (m)	luomi	[luomi]
Muttermal (n)	syntymämerkki	[syntymæ·merkki]
Tätowierung (f)	tatuointi	[tatuojnti]
Narbe (f)	arpi	[arpi]

63. Krankheiten

Krankheit (f)	sairaus	[sɑjrɑus]
krank sein	sairastaa	[sɑjrɑstɑ:]
Gesundheit (f)	terveys	[terʋeys]

Schnupfen (m)	nuha	[nuɦɑ]
Angina (f)	angiina	[ɑɲi:nɑ]
Erkältung (f)	vilustuminen	[ʋilustuminen]
sich erkälten	vilustua	[ʋilustuɑ]

Bronchitis (f)	keuhkokatarri	[keuhko·kɑtɑrri]
Lungenentzündung (f)	keuhkotulehdus	[keuhko·tulehdus]
Grippe (f)	influenssa	[influenssɑ]

kurzsichtig	likinäköinen	[likinækøjnen]
weitsichtig	kaukonäköinen	[kɑukonækøjnen]
Schielen (n)	kierosilmäisyys	[kiero·silmæjsy:s]
schielend (Adj)	kiero	[kiero]
grauer Star (m)	harmaakaihi	[hɑrmɑ:kɑjhi]
Glaukom (n)	silmänpainetauti	[silmæn·pɑjne·tɑuti]

Schlaganfall (m)	aivoinfarkti	[ɑjʋo·infɑrkti]
Infarkt (m)	infarkti	[infɑrkti]
Herzinfarkt (m)	sydäninfarkti	[sydæn·infɑrkti]
Lähmung (f)	halvaus	[hɑlʋɑus]
lähmen (vt)	halvauttaa	[hɑlʋɑuttɑ:]

Allergie (f)	allergia	[ɑllergiɑ]
Asthma (n)	astma	[ɑstmɑ]
Diabetes (m)	diabetes	[diɑbetes]

| Zahnschmerz (m) | hammassärky | [hɑmmɑs·særky] |
| Karies (f) | hammasmätä | [hɑmmɑs·mætæ] |

Durchfall (m)	ripuli	[ripuli]
Verstopfung (f)	ummetus	[ummetus]
Magenverstimmung (f)	vatsavaiva	[ʋɑtsɑ·ʋɑjʋɑ]
Vergiftung (f)	ruokamyrkytys	[ruokɑ·myrkytys]
Vergiftung bekommen	myrkyttyä	[myrkyttyæ]

Arthritis (f)	niveltulehdus	[niʋel·tulehdus]
Rachitis (f)	riisitauti	[ri:sitɑti]
Rheumatismus (m)	reuma	[reumɑ]
Atherosklerose (f)	ateroskleroosi	[ɑterosklero:si]

Gastritis (f)	mahakatarri	[mɑɦɑ·kɑtɑrri]
Blinddarmentzündung (f)	umpilisäketulehdus	[umpilisæke·tulehdus]
Cholezystitis (f)	kolekystiitti	[kolekysti:tti]
Geschwür (n)	haavauma	[hɑ:ʋɑumɑ]
Masern (pl)	tuhkarokko	[tuhkɑ·rokko]

Röteln (pl)	vihurirokko	[uiħuri·rokko]
Gelbsucht (f)	keltatauti	[kelta·tauti]
Hepatitis (f)	hepatiitti	[hepati:tti]
Schizophrenie (f)	jakomielisyys	[jakomielisy:s]
Tollwut (f)	raivotauti	[rajuo·tauti]
Neurose (f)	neuroosi	[neuro:si]
Gehirnerschütterung (f)	aivotärähdys	[ajuo·tæræhdys]
Krebs (m)	syöpä	[syøpæ]
Sklerose (f)	skleroosi	[sklero:si]
multiple Sklerose (f)	multippeliskleroosi	[multippeli·sklero:si]
Alkoholismus (m)	alkoholismi	[alkoħolismi]
Alkoholiker (m)	alkoholisti	[alkoħolisti]
Syphilis (f)	kuppa, syfilis	[kuppa], [sifilis]
AIDS	AIDS	[ajds]
Tumor (m)	kasvain	[kasuajn]
bösartig	pahanlaatuinen	[paħan·la:jtunen]
gutartig	hyvänlaatuinen	[hyuænla:tunen]
Fieber (n)	kuume	[ku:me]
Malaria (f)	malaria	[malaria]
Gangrän (f, n)	kuolio	[kuolio]
Seekrankheit (f)	merisairaus	[meri·sajraus]
Epilepsie (f)	epilepsia	[epilepsia]
Epidemie (f)	epidemia	[epidemia]
Typhus (m)	lavantauti	[lauan·tauti]
Tuberkulose (f)	tuberkuloosi	[tuberkulo:si]
Cholera (f)	kolera	[kolera]
Pest (f)	rutto	[rutto]

64. Symptome. Behandlungen. Teil 1

Symptom (n)	oire	[ojre]
Temperatur (f)	kuume	[ku:me]
Fieber (n)	korkea kuume	[korkea ku:me]
Puls (m)	pulssi, syke	[pulssi], [syke]
Schwindel (m)	huimaus	[hujmaus]
heiß (Stirne usw.)	kuuma	[ku:ma]
Schüttelfrost (m)	vilunväristys	[uilun·uæristys]
blass (z.B. -es Gesicht)	kalpea	[kalpea]
Husten (m)	yskä	[yskæ]
husten (vi)	yskiä	[yskiæ]
niesen (vi)	aivastella	[ajuastella]
Ohnmacht (f)	pyörtyminen	[pyørtyminen]

ohnmächtig werden	pyörtyä	[pyørtyæ]
blauer Fleck (m)	mustelma	[mustelma]
Beule (f)	kuhmu	[kuhmu]
sich stoßen	loukkaantua	[loukkɑːntuɑ]
Prellung (f)	ruhje	[ruhje]
sich stoßen	loukkaantua	[loukkɑːntuɑ]

hinken (vi)	ontua	[ontuɑ]
Verrenkung (f)	sijoiltaanmeno	[sijoiltɑːnmeno]
ausrenken (vt)	siirtää sijoiltaan	[siːrtæː sijoiltɑːn]
Fraktur (f)	murtuma	[murtumɑ]
brechen (Arm usw.)	saada murtuma	[sɑːdɑ murtumɑ]

Schnittwunde (f)	leikkaushaava	[lejkkɑus·hɑːʋɑ]
sich schneiden	leikata	[lejkɑtɑ]
Blutung (f)	verenvuoto	[ʋeren·ʋuoto]

| Verbrennung (f) | palohaava | [pɑlo·hɑːʋɑ] |
| sich verbrennen | polttaa itse | [polttɑː itse] |

stechen (vt)	pistää	[pistæː]
sich stechen	pistää itseä	[pistæː itseæ]
verletzen (vt)	vahingoittaa	[ʋɑɦiŋojttɑː]
Verletzung (f)	vamma, vaurio	[ʋɑmmɑ], [ʋɑurio]
Wunde (f)	haava	[hɑːʋɑ]
Trauma (n)	trauma, vamma	[trɑumɑ], [ʋɑmmɑ]

irrereden (vi)	hourailla	[hourɑjllɑ]
stottern (vi)	änkyttää	[æŋkyttæː]
Sonnenstich (m)	auringonpistos	[ɑuriŋon·pistos]

65. Symptome. Behandlungen. Teil 2

| Schmerz (m) | kipu | [kipu] |
| Splitter (m) | tikku | [tikku] |

Schweiß (m)	hiki	[hiki]
schwitzen (vi)	hikoilla	[hikojllɑ]
Erbrechen (n)	oksennus	[oksennus]
Krämpfe (pl)	kouristukset	[kouristukset]

schwanger	raskaana oleva	[rɑskɑːnɑ oleʋɑ]
geboren sein	syntyä	[syntyæ]
Geburt (f)	synnytys	[synnytys]
gebären (vt)	synnyttää	[synnyttæː]
Abtreibung (f)	raskaudenkeskeytys	[rɑskɑuden·keskeytys]

Atem (m)	hengitys	[heŋitys]
Atemzug (m)	sisäänhengitys	[sisæːn·heŋitys]
Ausatmung (f)	uloshengitys	[ulos·heŋitys]

ausatmen (vt)	hengittää ulos	[heŋittæ: ulos]
einatmen (vt)	hengittää sisään	[hengittæ: sisæ:n]
Invalide (m)	invalidi	[inʋalidi]
Krüppel (m)	rampa	[rɑmpɑ]
Drogenabhängiger (m)	narkomaani	[nɑrkomɑ:ni]
taub	kuuro	[ku:ro]
stumm	mykkä	[mykkæ]
taubstumm	kuuromykkä	[ku:ro·mykkæ]
verrückt (Adj)	mielenvikainen	[mielen·ʋikɑjnen]
Irre (m)	hullu	[hullu]
Irre (f)	hullu	[hullu]
den Verstand verlieren	tulla hulluksi	[tulla hulluksi]
Gen (n)	geeni	[ge:ni]
Immunität (f)	immuniteetti	[immunite:tti]
erblich	perintö-	[perintø]
angeboren	synnynnäinen	[synnynnæjnen]
Virus (m, n)	virus	[ʋirus]
Mikrobe (f)	mikrobi	[mikrobi]
Bakterie (f)	bakteeri	[bɑkte:ri]
Infektion (f)	infektio, tartunta	[infektio], [tɑrtuntɑ]

66. Symptome. Behandlungen. Teil 3

Krankenhaus (n)	sairaala	[sɑjrɑ:lɑ]
Patient (m)	potilas	[potilɑs]
Diagnose (f)	diagnoosi	[diɑgno:si]
Heilung (f)	lääkintä	[læ:kintœ]
Behandlung (f)	hoito	[hojto]
Behandlung bekommen	saada hoitoa	[sɑ:dɑ hojtoɑ]
behandeln (vt)	hoitaa	[hojtɑ:]
pflegen (Kranke)	hoitaa	[hojtɑ:]
Pflege (f)	hoito	[hojto]
Operation (f)	leikkaus	[lejkkɑus]
verbinden (vt)	sitoa	[sitoɑ]
Verband (m)	sidonta	[sidontɑ]
Impfung (f)	rokotus	[rokotus]
impfen (vt)	rokottaa	[rokottɑ:]
Spritze (f)	injektio	[injektio]
eine Spritze geben	tehdä pisto	[tehdæ pisto]
Anfall (m)	kohtaus	[kohtɑus]
Amputation (f)	amputaatio	[ɑmputɑ:tio]

amputieren (vt)	amputoida	[amputojda]
Koma (n)	kooma	[ko:ma]
im Koma liegen	olla koomassa	[olla ko:massa]
Reanimation (f)	teho-osasto	[teho·osasto]

genesen von … (vi)	parantua	[parantua]
Zustand (m)	terveydentila	[terʋeyden·tila]
Bewusstsein (n)	tajunta	[tajunta]
Gedächtnis (n)	muisti	[mujsti]

ziehen (einen Zahn ~)	poistaa	[pojsta:]
Plombe (f)	paikka	[pajkka]
plombieren (vt)	paikata	[pajkata]

| Hypnose (f) | hypnoosi | [hypno:si] |
| hypnotisieren (vt) | hypnotisoida | [hypnotisojda] |

67. Medizin. Medikamente. Accessoires

Arznei (f)	lääke	[læ:ke]
Heilmittel (n)	lääke	[læ:ke]
verschreiben (vt)	määrätä	[mæ:rætæ]
Rezept (n)	resepti	[resepti]

Tablette (f)	tabletti	[tabletti]
Salbe (f)	voide	[ʋojde]
Ampulle (f)	ampulli	[ampulli]
Mixtur (f)	liuos	[liuos]
Sirup (m)	siirappi	[si:rappi]
Pille (f)	pilleri	[pilleri]
Pulver (n)	jauhe	[jauɦe]

Verband (m)	side	[side]
Watte (f)	vanu	[ʋanu]
Jod (n)	jodi	[jodi]

| Pflaster (n) | laastari | [la:stari] |
| Pipette (f) | pipetti | [pipetti] |

| Thermometer (n) | kuumemittari | [ku:me·mittari] |
| Spritze (f) | ruisku | [rujsku] |

| Rollstuhl (m) | pyörätuoli | [pyøræ·tuoli] |
| Krücken (pl) | kainalosauvat | [kajnalo·sauʋat] |

Betäubungsmittel (n)	puudutusaine	[pu:dutus·ajne]
Abführmittel (n)	ulostuslääke	[ulostus·læ:ke]
Spiritus (m)	sprii	[spri:]
Heilkraut (n)	lääkeyrtti	[læ:ke·yrtti]
Kräuter- (z.B. Kräutertee)	yrtti-	[yrtti]

WOHNUNG

T&P Books Publishing

68. Wohnung

Wohnung (f)	**asunto**	[asunto]
Zimmer (n)	**huone**	[huone]
Schlafzimmer (n)	**makuuhuone**	[maku:huone]
Esszimmer (n)	**ruokailuhuone**	[ruokajlu·huone]
Wohnzimmer (n)	**vierashuone**	[vieras·huone]
Arbeitszimmer (n)	**työhuone**	[tyø·huone]
Vorzimmer (n)	**eteinen**	[etejnen]
Badezimmer (n)	**kylpyhuone**	[kylpy·huone]
Toilette (f)	**vessa**	[vessa]
Decke (f)	**sisäkatto**	[sisæ·katto]
Fußboden (m)	**lattia**	[lattia]
Ecke (f)	**nurkka**	[nurkka]

69. Möbel. Innenausstattung

Möbel (n)	**huonekalut**	[huone·kalut]
Tisch (m)	**pöytä**	[pøytæ]
Stuhl (m)	**tuoli**	[tuoli]
Bett (n)	**sänky**	[sæŋky]
Sofa (n)	**sohva**	[sohva]
Sessel (m)	**nojatuoli**	[noja·tuoli]
Bücherschrank (m)	**kaappi**	[ka:ppi]
Regal (n)	**hylly**	[hylly]
Schrank (m)	**vaatekaappi**	[va:te·ka:ppi]
Hakenleiste (f)	**ripustin**	[ripustin]
Kleiderständer (m)	**naulakko**	[naulakko]
Kommode (f)	**lipasto**	[lipasto]
Couchtisch (m)	**sohvapöytä**	[sohva·pøjtæ]
Spiegel (m)	**peili**	[pejli]
Teppich (m)	**matto**	[matto]
Matte (kleiner Teppich)	**pieni matto**	[pjeni matto]
Kamin (m)	**takka**	[takka]
Kerze (f)	**kynttilä**	[kynttilæ]
Kerzenleuchter (m)	**kynttilänjalka**	[kynttilæn·jalka]
Vorhänge (pl)	**kaihtimet**	[kajhtimet]

| Tapete (f) | tapetit | [tapetit] |
| Jalousie (f) | rullaverhot | [rulle·uerhot] |

Tischlampe (f)	pöytälamppu	[pøytæ·lamppu]
Leuchte (f)	seinävalaisin	[sejna·ualajsin]
Stehlampe (f)	lattialamppu	[lattia·lamppu]
Kronleuchter (m)	kattokruunu	[katto·kru:nu]

Bein (Tischbein usw.)	jalka	[jalka]
Armlehne (f)	käsinoja	[kæsi·noja]
Lehne (f)	selkänoja	[selkænoja]
Schublade (f)	vetolaatikko	[ueto·la:tikko]

70. Bettwäsche

Bettwäsche (f)	vuodevaatteet	[uuode·ua:tte:t]
Kissen (n)	tyyny	[ty:ny]
Kissenbezug (m)	tyynyliina	[ty:ny·li:na]
Bettdecke (f)	peitto, täkki	[pejte], [tækki]
Laken (n)	lakana	[lakana]
Tagesdecke (f)	peite	[pejte]

71. Küche

Küche (f)	keittiö	[kejttiø]
Gas (n)	kaasu	[ka:su]
Gasherd (m)	kaasuliesi	[ka:su·liesi]
Elektroherd (m)	sähköhella	[sæhkø·hella]
Backofen (m)	paistinuuni	[pajstin·u:ni]
Mikrowellenherd (m)	mikroaaltouuni	[mikro·a:ltou·u:ni]

Kühlschrank (m)	jääkaappi	[jæ:ka:ppi]
Tiefkühltruhe (f)	pakastin	[pakastin]
Geschirrspülmaschine (f)	astianpesukone	[astian·pesu·kone]

Fleischwolf (m)	lihamylly	[liha·mylly]
Saftpresse (f)	mehunpuristin	[mehun·puristin]
Toaster (m)	leivänpaahdin	[lejuæn·pa:hdin]
Mixer (m)	sekoitin	[sekojtin]

Kaffeemaschine (f)	kahvinkeitin	[kahuiŋ·kejtin]
Kaffeekanne (f)	kahvipannu	[kahui·pannu]
Kaffeemühle (f)	kahvimylly	[kahui·mylly]

Wasserkessel (m)	teepannu	[te:pannu]
Teekanne (f)	teekannu	[te:kannu]
Deckel (m)	kansi	[kansi]
Teesieb (n)	teesiivilä	[te:si:uilæ]

Löffel (m)	lusikka	[lusikka]
Teelöffel (m)	teelusikka	[te:lusikka]
Esslöffel (m)	ruokalusikka	[ruoka·lusikka]
Gabel (f)	haarukka	[ha:rukka]
Messer (n)	veitsi	[ʋejtsi]

Geschirr (n)	astiat	[astiat]
Teller (m)	lautanen	[lautanen]
Untertasse (f)	teevati	[te:ʋati]

Schnapsglas (n)	shotti, snapsilasi	[shotti], [snapsi·lasi]
Glas (n)	juomalasi	[juoma·lasi]
Tasse (f)	kuppi	[kuppi]

Zuckerdose (f)	sokeriastia	[sokeri·astia]
Salzstreuer (m)	suola-astia	[suola·astia]
Pfefferstreuer (m)	pippuriastia	[pippuri·astia]
Butterdose (f)	voi astia	[ʋoj astia]

Kochtopf (m)	kasari, kattila	[kasari], [kattila]
Pfanne (f)	pannu	[pannu]
Schöpflöffel (m)	kauha	[kauha]
Durchschlag (m)	lävikkö	[læʋikkø]
Tablett (n)	tarjotin	[tarjotin]

Flasche (f)	pullo	[pullo]
Glas (Einmachglas)	lasitölkki	[lasi·tølkki]
Dose (f)	purkki	[purkki]

Flaschenöffner (m)	pullonavaaja	[pullon·aʋa:ja]
Dosenöffner (m)	purkinavaaja	[purkin·aʋa:ja]
Korkenzieher (m)	korkkiruuvi	[korkki·ru:ʋi]
Filter (n)	suodatin	[suodatin]
filtern (vt)	suodattaa	[suodatta:]

| Müll (m) | roska, jäte | [roska], [jæte] |
| Mülleimer, Treteimer (m) | roskasanko | [roska·saŋko] |

72. Bad

Badezimmer (n)	kylpyhuone	[kylpy·huone]
Wasser (n)	vesi	[ʋesi]
Wasserhahn (m)	hana	[hana]
Warmwasser (n)	kuuma vesi	[ku:ma ʋesi]
Kaltwasser (n)	kylmä vesi	[kylmæ ʋesi]

Zahnpasta (f)	hammastahna	[hammas·tahna]
Zähne putzen	harjata hampaita	[harjata hampajta]
Zahnbürste (f)	hammasharja	[hammas·harja]
sich rasieren	ajaa parta	[aja: parta]

| Rasierschaum (m) | partavaahto | [parta·ʋa:hto] |
| Rasierer (m) | partahöylä | [parta·høylæ] |

waschen (vt)	pestä	[pestæ]
sich waschen	peseytyä	[peseytyæ]
Dusche (f)	suihku	[sujhku]
sich duschen	käydä suihkussa	[kæydæ suihkussa]

Badewanne (f)	amme, kylpyamme	[amme], [kylpyamme]
Klosettbecken (n)	vessanpönttö	[ʋessan·pønttø]
Waschbecken (n)	pesuallas	[pesu·allas]

| Seife (f) | saippua | [sajppua] |
| Seifenschale (f) | saippuakotelo | [sajppua·kotelo] |

Schwamm (m)	pesusieni	[pesu·sieni]
Shampoo (n)	sampoo	[sampo:]
Handtuch (n)	pyyhe	[py:he]
Bademantel (m)	kylpytakki	[kylpy·takki]

Wäsche (f)	pyykkäys	[py:kkæys]
Waschmaschine (f)	pesukone	[pesu·kone]
waschen (vt)	pestä pyykkiä	[pestæ py:kkiæ]
Waschpulver (n)	pesujauhe	[pesu·jauhe]

73. Haushaltsgeräte

Fernseher (m)	televisio	[teleʋisio]
Tonbandgerät (n)	nauhuri	[nauhuri]
Videorekorder (m)	videonauhuri	[ʋideo·nauhuri]
Empfänger (m)	vastaanotin	[ʋasta:notin]
Player (m)	soitin	[sojtin]

Videoprojektor (m)	projektori	[projektori]
Heimkino (n)	kotiteatteri	[koti·teatteri]
DVD-Player (m)	DVD-soitin	[deʋede·sojtin]
Verstärker (m)	vahvistin	[ʋahʋistin]
Spielkonsole (f)	pelikonsoli	[peli·konsoli]

Videokamera (f)	videokamera	[ʋideo·kamera]
Kamera (f)	kamera	[kamera]
Digitalkamera (f)	digitaalikamera	[digita:li·kamera]

Staubsauger (m)	pölynimuri	[pølyn·imuri]
Bügeleisen (n)	silitysrauta	[silitys·rauta]
Bügelbrett (n)	silityslauta	[silitys·lauta]

Telefon (n)	puhelin	[puhelin]
Mobiltelefon (n)	matkapuhelin	[matka·puhelin]
Schreibmaschine (f)	kirjoituskone	[kirjoitus·kone]

Nähmaschine (f)	**ompelukone**	[ompelu·kone]
Mikrophon (n)	**mikrofoni**	[mikrofoni]
Kopfhörer (m)	**kuulokkeet**	[ku:lokke:t]
Fernbedienung (f)	**kaukosäädin**	[kɑuko·sæ:din]
CD (f)	**CD-levy**	[sede·leʋy]
Kassette (f)	**kasetti**	[kɑsetti]
Schallplatte (f)	**levy, vinyylilevy**	[leʋy], [ʋiny:li·leʋy]

DIE ERDE. WETTER

T&P Books Publishing

74. Weltall

Kosmos (m)	**avaruus**	[avaru:s]
kosmisch, Raum-	**avaruus-**	[avaru:s]
Weltraum (m)	**avaruus**	[avaru:s]

All (n)	**maailma**	[ma:jlma]
Universum (n)	**maailmankaikkeus**	[ma:ilman·kajkkeus]
Galaxie (f)	**galaksi**	[galaksi]

Stern (m)	**tähti**	[tæhti]
Gestirn (n)	**tähtikuvio**	[tæhti·kuvio]
Planet (m)	**planeetta**	[plane:tta]
Satellit (m)	**satelliitti**	[satelli:tti]

Meteorit (m)	**meteoriitti**	[meteori:tti]
Komet (m)	**pyrstötähti**	[pyrstø·tæhti]
Asteroid (m)	**asteroidi**	[asterojdi]

Umlaufbahn (f)	**kiertorata**	[kierto·rata]
sich drehen	**kiertää**	[kærtæ:]
Atmosphäre (f)	**ilmakehä**	[ilmakeɦæ]

Sonne (f)	**Aurinko**	[auriŋko]
Sonnensystem (n)	**Aurinkokunta**	[auriŋko·kunta]
Sonnenfinsternis (f)	**auringonpimennys**	[auriŋon·pimeŋys]

Erde (f)	**Maa**	[ma:]
Mond (m)	**Kuu**	[ku:]

Mars (m)	**Mars**	[mars]
Venus (f)	**Venus**	[venus]
Jupiter (m)	**Jupiter**	[jupiter]
Saturn (m)	**Saturnus**	[saturnus]

Merkur (m)	**Merkurius**	[merkurius]
Uran (m)	**Uranus**	[uranus]
Neptun (m)	**Neptunus**	[neptunus]
Pluto (m)	**Pluto**	[pluto]

Milchstraße (f)	**Linnunrata**	[linnun·rata]
Der Große Bär	**Otava**	[otava]
Polarstern (m)	**Pohjantähti**	[pohjan·tæhti]

Marsbewohner (m)	**marsilainen**	[marsilajnen]
Außerirdischer (m)	**avaruusolio**	[avaru:soljo]

| außerirdisches Wesen (n) | avaruusolento | [avaru:s·olento] |
| fliegende Untertasse (f) | lentävä lautanen | [lentævæ lautanen] |

Raumschiff (n)	avaruusalus	[avaru:s·alus]
Raumstation (f)	avaruusasema	[avaru:s·asema]
Raketenstart (m)	startti	[startti]

Triebwerk (n)	moottori	[mo:ttori]
Düse (f)	suutin	[su:tin]
Treibstoff (m)	polttoaine	[poltto·ajne]

Kabine (f)	ohjaamo	[ohja:mo]
Antenne (f)	antenni	[antenni]
Bullauge (n)	valoventtiili	[valoventti:li]
Sonnenbatterie (f)	aurinkokennosto	[auriŋko·keŋosto]
Raumanzug (m)	avaruuspuku	[avaru:s·puku]

| Schwerelosigkeit (f) | painottomuus | [pajnottomu:s] |
| Sauerstoff (m) | happi | [happi] |

| Ankopplung (f) | telakointi | [telakojnti] |
| koppeln (vi) | tehdä telakointi | [tehdæ telakojnti] |

Observatorium (n)	observatorio	[observatorio]
Teleskop (n)	teleskooppi	[telesko:ppi]
beobachten (vt)	tarkkailla	[tarkkajlla]
erforschen (vt)	tutkia	[tutkia]

75. Die Erde

Erde (f)	Maa	[ma:]
Erdkugel (f)	maapallo	[ma:pallo]
Planet (m)	planeetta	[plane:tta]

Atmosphäre (f)	ilmakehä	[ilmakehæ]
Geographie (f)	maantiede	[ma:n·tiede]
Natur (f)	luonto	[luonto]

Globus (m)	karttapallo	[kartta·pallo]
Landkarte (f)	kartta	[kartta]
Atlas (m)	atlas	[atlas]

Europa (n)	Eurooppa	[euro:ppa]
Asien (n)	Aasia	[a:sia]
Afrika (n)	Afrikka	[afrikka]
Australien (n)	Australia	[australia]

Amerika (n)	Amerikka	[amerikka]
Nordamerika (n)	Pohjois-Amerikka	[pohjois·amerikka]
Südamerika (n)	Etelä-Amerikka	[etelæ·amerikka]

Antarktis (f)	Etelämanner	[etelæmanner]
Arktis (f)	Arktis	[arktis]

76. Himmelsrichtungen

Norden (m)	pohjola	[pohjola]
nach Norden	pohjoiseen	[pohjoise:n]
im Norden	pohjoisessa	[pohjoisessa]
nördlich	pohjois-, pohjoinen	[pohjois], [pohjoinen]

Süden (m)	etelä	[etelæ]
nach Süden	etelään	[etelæ:n]
im Süden	etelässä	[etelæssæ]
südlich	etelä-, eteläinen	[etelæ], [etelæjnen]

Westen (m)	länsi	[lænsi]
nach Westen	länteen	[lænte:n]
im Westen	lännessä	[lænnessæ]
westlich, West-	länsi-, läntinen	[lænsi], [læntinen]

Osten (m)	itä	[itæ]
nach Osten	itään	[itæ:n]
im Osten	idässä	[idæssæ]
östlich	itä-, itäinen	[itæ], [itæjnen]

77. Meer. Ozean

Meer (n), See (f)	meri	[meri]
Ozean (m)	valtameri	[ʋalta·meri]
Golf (m)	lahti	[lahti]
Meerenge (f)	salmi	[salmi]

Festland (n)	maa	[ma:]
Kontinent (m)	manner	[manner]
Insel (f)	saari	[sa:ri]
Halbinsel (f)	niemimaa	[niemi·ma:]
Archipel (m)	saaristo	[sa:risto]

Bucht (f)	lahti, poukama	[lahti], [poukama]
Hafen (m)	satama	[satama]
Lagune (f)	laguuni	[lagu:ni]
Kap (n)	niemi	[niemi]

Atoll (n)	atolli	[atolli]
Riff (n)	riutta	[riutta]
Koralle (f)	koralli	[koralli]
Korallenriff (n)	koralliriutta	[koralli·riutta]
tief (Adj)	syvä	[syʋæ]

Tiefe (f)	syvyys	[syʋy:s]
Abgrund (m)	syvänne	[syʋænne]
Graben (m)	hauta	[hɑutɑ]

| Strom (m) | virta | [ʋirtɑ] |
| umspülen (vt) | huuhdella | [hu:hdellɑ] |

| Ufer (n) | merenranta | [meren·rɑntɑ] |
| Küste (f) | rannikko | [rɑnnikko] |

Flut (f)	vuoksi	[ʋuoksi]
Ebbe (f)	laskuvesi	[lɑsku·ʋesi]
Sandbank (f)	matalikko	[mɑtɑlikko]
Boden (m)	pohja	[pohjɑ]

Welle (f)	aalto	[ɑ:lto]
Wellenkamm (m)	aallonharja	[ɑ:llon·hɑrjɑ]
Schaum (m)	vaahto	[ʋɑ:hto]

Sturm (m)	myrsky	[myrsky]
Orkan (m)	hirmumyrsky	[hirmu·myrsky]
Tsunami (m)	tsunami	[tsunɑmi]
Windstille (f)	tyyni	[ty:yni]
ruhig	rauhallinen	[rɑuhɑllinen]

| Pol (m) | napa | [nɑpɑ] |
| Polar- | napa-, polaarinen | [nɑpɑ], [polɑ:rinen] |

Breite (f)	leveyspiiri	[leʋeys·pi:ri]
Länge (f)	pituus	[pitu:s]
Breitenkreis (m)	leveyspiiri	[leʋeys·pi:ri]
Äquator (m)	päiväntasaaja	[pæjʋæn·tɑsɑ:jɑ]

Himmel (m)	taivas	[tɑjʋɑs]
Horizont (m)	horisontti	[horisontti]
Luft (f)	ilma	[ilmɑ]

Leuchtturm (m)	majakka	[mɑjɑkkɑ]
tauchen (vi)	sukeltaa	[sukeltɑ:]
versinken (vi)	upota	[upotɑ]
Schätze (pl)	aarteet	[ɑ:rte:t]

78. Namen der Meere und Ozeane

Atlantischer Ozean (m)	**Atlantin valtameri**	[ɑtlɑntin ʋɑltɑ meri]
Indischer Ozean (m)	**Intian valtameri**	[intian ʋɑltɑ·meri]
Pazifischer Ozean (m)	**Tyynimeri**	[ty:ni·meri]
Arktischer Ozean (m)	**Pohjoinen jäämeri**	[pohjoinen jæ:meri]
Schwarzes Meer (n)	**Mustameri**	[mustɑ·meri]
Rotes Meer (n)	**Punainenmeri**	[punɑjnen·meri]

| Gelbes Meer (n) | Keltainenmeri | [keltɑjnen·meri] |
| Weißes Meer (n) | Vienanmeri | [ʋjenɑn·meri] |

Kaspisches Meer (n)	Kaspianmeri	[kɑspiɑn·meri]
Totes Meer (n)	Kuollutmeri	[kuollut·meri]
Mittelmeer (n)	Välimeri	[ʋæli·meri]

| Ägäisches Meer (n) | Egeanmeri | [egeɑn·meri] |
| Adriatisches Meer (n) | Adrianmeri | [ɑdriɑn·meri] |

Arabisches Meer (n)	Arabianmeri	[ɑrɑbiɑn·meri]
Japanisches Meer (n)	Japaninmeri	[jɑpɑnin·meri]
Beringmeer (n)	Beringinmeri	[beriŋin·meri]
Südchinesisches Meer (n)	Etelä-Kiinan meri	[etelæ·ki:nɑn meri]

Korallenmeer (n)	Korallimeri	[korɑlli·meri]
Tasmansee (f)	Tasmaninmeri	[tɑsmɑnin·meri]
Karibisches Meer (n)	Karibianmeri	[kɑribiɑn·meri]

| Barentssee (f) | Barentsinmeri | [bɑrentsin·meri] |
| Karasee (f) | Karanmeri | [kɑrɑn·meri] |

Nordsee (f)	Pohjanmeri	[pohjɑn·meri]
Ostsee (f)	Itämeri	[itæ·meri]
Nordmeer (n)	Norjanmeri	[norjɑn·meri]

79. Berge

Berg (m)	vuori	[ʋuori]
Gebirgskette (f)	vuorijono	[ʋuori·jono]
Bergrücken (m)	vuorenharjanne	[ʋuoren·hɑrjɑnne]

Gipfel (m)	huippu	[hujppu]
Spitze (f)	vuorenhuippu	[ʋuoren·hujppu]
Bergfuß (m)	juuri	[ju:ri]
Abhang (m)	rinne	[rinne]

Vulkan (m)	tulivuori	[tuli·ʋuori]
tätiger Vulkan (m)	toimiva tulivuori	[tojmiʋɑ tuli·ʋuori]
schlafender Vulkan (m)	sammunut tulivuori	[sɑmmunut tuli·ʋuori]

Ausbruch (m)	purkaus	[purkɑus]
Krater (m)	kraatteri	[krɑ:teri]
Magma (n)	magma	[mɑgmɑ]
Lava (f)	laava	[lɑ:ʋɑ]
glühend heiß (-e Lava)	sulaa, hehkuva	[sulɑ:], [hehkuʋɑ]

Cañon (m)	kanjoni	[kɑnjoni]
Schlucht (f)	rotko	[rotko]
Spalte (f)	halkeama	[hɑlkeɑmɑ]

Abgrund (m) (steiler ~)	kuilu	[kujlu]
Gebirgspass (m)	sola	[sola]
Plateau (n)	ylätasanko	[ylæ·tasaŋko]
Fels (m)	kalju	[kalju]
Hügel (m)	mäki	[mæki]

Gletscher (m)	jäätikkö	[jæ:tikkø]
Wasserfall (m)	vesiputous	[ʋesi·putous]
Geiser (m)	geisir	[gejsir]
See (m)	järvi	[jærʋi]

Ebene (f)	tasanko	[tasaŋko]
Landschaft (f)	maisema	[majsema]
Echo (n)	kaiku	[kajku]

Bergsteiger (m)	vuorikiipeilijä	[ʋuori·ki:pejlijæ]
Kletterer (m)	vuorikiipeilijä	[ʋuori·ki:pejlijæ]
bezwingen (vt)	valloittaa	[ʋallojtta:]
Aufstieg (m)	nousu	[nousu]

80. Namen der Berge

Alpen (pl)	Alpit	[alpit]
Montblanc (m)	Mont Blanc	[monblaŋ]
Pyrenäen (pl)	Pyreneet	[pyrine:t]

Karpaten (pl)	Karpaatit	[karpa:tit]
Uralgebirge (n)	Ural	[ural]
Kaukasus (m)	Kaukasus	[kaukasus]
Elbrus (m)	Elbrus	[elbrus]

Altai (m)	Altai	[altaj]
Tian Shan (m)	Tienšan	[tian·ʃan]
Pamir (m)	Pamir	[pamir]
Himalaja (m)	Himalaja	[himalaja]
Everest (m)	Mount Everest	[maunt eʋerest]

| Anden (pl) | Andit | [andit] |
| Kilimandscharo (m) | Kilimanjaro | [kilimanjaro] |

81. Flüsse

Fluss (m)	joki	[joki]
Quelle (f)	lähde	[læhde]
Flussbett (n)	uoma	[uoma]
Stromgebiet (n)	joen vesistö	[joen ʋesistø]
einmünden in ...	laskea	[laskea]
Nebenfluss (m)	sivujoki	[siʋu·joki]

Ufer (n)	ranta	[rɑntɑ]
Strom (m)	virta	[ʋirtɑ]
stromabwärts	myötävirtaan	[myøtæʋirtɑ:n]
stromaufwärts	ylävirtaan	[ylæ·ʋirtɑ:n]

Überschwemmung (f)	tulva	[tulʋɑ]
Hochwasser (n)	kevättulva	[keʋæt·tulʋɑ]
aus den Ufern treten	tulvia	[tulʋiɑ]
überfluten (vt)	upottaa	[upottɑ:]

| Sandbank (f) | matalikko | [mɑtɑlikko] |
| Stromschnelle (f) | koski | [koski] |

Damm (m)	pato	[pɑto]
Kanal (m)	kanava	[kɑnɑʋɑ]
Stausee (m)	vedensäiliö	[ʋeden·sæjliø]
Schleuse (f)	sulku	[sulku]

Gewässer (n)	vesistö	[ʋesistø]
Sumpf (m), Moor (n)	suo	[suo]
Marsch (f)	hete	[hete]
Strudel (m)	vesipyörre	[ʋesi·pyørre]

Bach (m)	puro	[puro]
Trink- (z.B. Trinkwasser)	juoma-	[yomɑ]
Süß- (Wasser)	makea	[mɑkeɑ]

| Eis (n) | jää | [jæ:] |
| zufrieren (vi) | jäätyä | [jæ:tyæ] |

82. Namen der Flüsse

| Seine (f) | Seine | [sen] |
| Loire (f) | Loire | [luɑ:r] |

Themse (f)	Thames	[tæms]
Rhein (m)	Rein	[rejn]
Donau (f)	Tonava	[tonɑʋɑ]

Wolga (f)	Volga	[ʋolgɑ]
Don (m)	Don	[don]
Lena (f)	Lena	[lenɑ]

Gelber Fluss (m)	Keltainenjoki	[keltɑjnen·joki]
Jangtse (m)	Jangtse	[jɑŋtse]
Mekong (m)	Mekong	[mekoŋ]
Ganges (m)	Ganges	[gɑŋes]

| Nil (m) | Niili | [ni:li] |
| Kongo (m) | Kongo | [koŋo] |

Okavango (m)	**Okavango**	[okɑʋɑŋo]
Sambesi (m)	**Sambesi**	[sɑmbesi]
Limpopo (m)	**Limpopo**	[limpopo]
Mississippi (m)	**Mississippi**	[mississippi]

83. Wald

Wald (m)	**metsä**	[metsæ]
Wald-	**metsä-**	[metsæ]
Dickicht (n)	**tiheikkö**	[tiɦejkkø]
Gehölz (n)	**lehto**	[lehto]
Lichtung (f)	**aho**	[ɑɦo]
Dickicht (n)	**tiheikkö**	[tiɦejkkø]
Gebüsch (n)	**pensasaro**	[pensɑs·ɑro]
Fußweg (m)	**polku**	[polku]
Erosionsrinne (f)	**rotko**	[rotko]
Baum (m)	**puu**	[puː]
Blatt (n)	**lehti**	[lehti]
Laub (n)	**lehvistö**	[lehʋistø]
Laubfall (m)	**lehdenlähtö**	[lehden·læhtø]
fallen (Blätter)	**karista**	[kɑristɑ]
Wipfel (m)	**latva**	[lɑtʋɑ]
Zweig (m)	**oksa**	[oksɑ]
Ast (m)	**oksa**	[oksɑ]
Knospe (f)	**silmu**	[silmu]
Nadel (f)	**neulanen**	[neulɑnen]
Zapfen (m)	**käpy**	[kæpy]
Höhlung (f)	**pesäkolo**	[pesæ·kolo]
Nest (n)	**pesä**	[pesæ]
Höhle (f)	**kolo**	[kolo]
Stamm (m)	**runko**	[ruŋko]
Wurzel (f)	**juuri**	[juːri]
Rinde (f)	**kuori**	[kuori]
Moos (n)	**sammal**	[sɑmmɑl]
entwurzeln (vt)	**juuria**	[juːriɑ]
fällen (vt)	**hakata**	[hɑkɑtɑ]
abholzen (vt)	**kaataa puita**	[kɑːtɑː pujtɑ]
Baumstumpf (m)	**kanto**	[kɑnto]
Lagerfeuer (n)	**nuotio**	[nuotio]
Waldbrand (m)	**metsäpalo**	[metsæ·pɑlo]

löschen (vt)	sammuttaa	[sammutta:]
Förster (m)	metsänvartija	[metsæn·ʋartija]
Schutz (m)	suojelu	[suojelu]
beschützen (vt)	suojella	[suojella]
Wilddieb (m)	salametsästäjä	[sala·metsæstæjæ]
Falle (f)	raudat	[raudat]

sammeln (Pilze ~)	sienestää	[sienestæ:]
pflücken (Beeren ~)	marjastaa	[marjasta:]
sich verirren	eksyä	[eksyæ]

84. natürliche Lebensgrundlagen

Naturressourcen (pl)	luonnonvarat	[luonnon·ʋarat]
Bodenschätze (pl)	fossiiliset resurssit	[fossi:liset resurssit]
Vorkommen (n)	esiintymä	[esi:ntymæ]
Feld (Ölfeld usw.)	kenttä	[kenttæ]

gewinnen (vt)	louhia	[louhia]
Gewinnung (f)	kaivostoiminta	[kajʋos·tojminta]
Erz (n)	malmi	[malmi]
Bergwerk (n)	kaivos	[kajʋos]
Schacht (m)	kaivos	[kajʋos]
Bergarbeiter (m)	kaivosmies	[kajʋosmies]

| Erdgas (n) | kaasu | [ka:su] |
| Gasleitung (f) | maakaasuputki | [ma:ka:su·putki] |

Erdöl (n)	öljy	[øljy]
Erdölleitung (f)	öljyjohto	[øljy·johto]
Ölquelle (f)	öljynporausreikä	[øljyn·poraus·rejkæ]
Bohrturm (m)	öljynporaustorni	[øljyn·poraus·torni]
Tanker (m)	tankkilaiva	[taŋkki·lajʋa]

Sand (m)	hiekka	[hiekka]
Kalkstein (m)	kalkkikivi	[kalkki·kiʋi]
Kies (m)	sora	[sora]
Torf (m)	turve	[turʋe]
Ton (m)	savi	[saʋi]
Kohle (f)	hiili	[hi:li]

Eisen (n)	rauta	[rauta]
Gold (n)	kulta	[kulta]
Silber (n)	hopea	[hopea]
Nickel (n)	nikkeli	[nikkeli]
Kupfer (n)	kupari	[kupari]

Zink (n)	sinkki	[siŋkki]
Mangan (n)	mangaani	[maŋa:ni]
Quecksilber (n)	elohopea	[elo·hopea]

Blei (n)	**lyijy**	[lyjy]
Mineral (n)	**mineraali**	[minerɑ:li]
Kristall (m)	**kristalli**	[kristɑlli]
Marmor (m)	**marmori**	[mɑrmori]
Uran (n)	**uraani**	[urɑ:ni]

85. Wetter

Wetter (n)	**sää**	[sæ:]
Wetterbericht (m)	**sääennuste**	[sæ:ennuste]
Temperatur (f)	**lämpötila**	[læmpøtilɑ]
Thermometer (n)	**lämpömittari**	[læmpø·mittari]
Barometer (n)	**ilmapuntari**	[ilmɑ·puntari]
feucht	**kostea**	[kosteɑ]
Feuchtigkeit (f)	**kosteus**	[kosteus]
Hitze (f)	**helle**	[helle]
glutheiß	**kuuma**	[ku:mɑ]
ist heiß	**on kuumaa**	[on ku:mɑ:]
ist warm	**on lämmintä**	[on læmmintæ]
warm (Adj)	**lämmin**	[læmmin]
ist kalt	**on kylmää**	[on kylmæ:]
kalt (Adj)	**kylmä**	[kylmæ]
Sonne (f)	**aurinko**	[auriŋko]
scheinen (vi)	**paistaa**	[pɑjstɑ:]
sonnig (Adj)	**aurinkoinen**	[auriŋkojnen]
aufgehen (vi)	**nousta**	[noustɑ]
untergehen (vi)	**istuutua**	[istu:tuɑ]
Wolke (f)	**pilvi**	[pilʋi]
bewölkt, wolkig	**pilvinen**	[pilʋinen]
Regenwolke (f)	**sadepilvi**	[sade·pilʋi]
trüb (-er Tag)	**hämärä**	[hæmæræ]
Regen (m)	**sade**	[sade]
Es regnet	**sataa vettä**	[sɑtɑ: ʋettæ]
regnerisch (-er Tag)	**sateinen**	[sɑtejnen]
nieseln (vi)	**vihmoa**	[ʋihmoɑ]
strömender Regen (m)	**kaatosade**	[kɑ:to·sɑde]
Regenschauer (m)	**rankkasade**	[rɑŋkkɑ·sɑde]
stark (-er Regen)	**rankka**	[rɑŋkkɑ]
Pfütze (f)	**lätäkkö**	[lætækkø]
nass werden (vi)	**tulla märäksi**	[tulla mæræksi]
Nebel (m)	**sumu**	[sumu]
neblig (-er Tag)	**sumuinen**	[sumujnen]

| Schnee (m) | lumi | [lumi] |
| Es schneit | sataa lunta | [sata: lunta] |

86. Unwetter Naturkatastrophen

Gewitter (n)	ukkonen	[ukkonen]
Blitz (m)	salama	[salama]
blitzen (vi)	välkkyä	[ʋælkkyæ]

Donner (m)	ukkonen	[ukkonen]
donnern (vi)	jyristä	[yristæ]
Es donnert	ukkonen jyrisee	[ukkonen yrise:]

| Hagel (m) | raesade | [raesade] |
| Es hagelt | sataa rakeita | [sata: rakejta] |

| überfluten (vt) | upottaa | [upotta:] |
| Überschwemmung (f) | tulva | [tulʋa] |

Erdbeben (n)	maanjäristys	[ma:n·jaristys]
Erschütterung (f)	maantärähdys	[ma:n·tæræhdys]
Epizentrum (n)	episentrumi	[episentrumi]

| Ausbruch (m) | purkaus | [purkaus] |
| Lava (f) | laava | [la:ʋa] |

Wirbelsturm (m)	pyörremyrsky	[pyørre·myrsky]
Tornado (m)	tornado	[tornado]
Taifun (m)	taifuuni	[tajfu:ni]

Orkan (m)	hirmumyrsky	[hirmu·myrsky]
Sturm (m)	myrsky	[myrsky]
Tsunami (m)	tsunami	[tsunami]

Zyklon (m)	sykloni	[sykloni]
Unwetter (n)	koiranilma	[kojran·ilma]
Brand (m)	palo	[palo]
Katastrophe (f)	katastrofi	[katastrofi]
Meteorit (m)	meteoriitti	[meteori:tti]

Lawine (f)	lumivyöry	[lumi·ʋyøry]
Schneelawine (f)	lumivyöry	[lumi·ʋyøry]
Schneegestöber (n)	pyry	[pyry]
Schneesturm (m)	pyry	[pyry]

FAUNA

T&P Books Publishing

87. Säugetiere. Raubtiere

Raubtier (n)	peto	[peto]
Tiger (m)	tiikeri	[tiːkeri]
Löwe (m)	leijona	[leijona]
Wolf (m)	susi	[susi]
Fuchs (m)	kettu	[kettu]

Jaguar (m)	jaguaari	[jaguaːri]
Leopard (m)	leopardi	[leopardi]
Gepard (m)	gepardi	[gepardi]

Panther (m)	pantteri	[pantteri]
Puma (m)	puuma	[puːma]
Schneeleopard (m)	lumileopardi	[lumi·leopardi]
Luchs (m)	ilves	[ilʋes]

Kojote (m)	kojootti	[kojoːtti]
Schakal (m)	sakaali	[sakaːli]
Hyäne (f)	hyeena	[hyeːna]

88. Tiere in freier Wildbahn

| Tier (n) | eläin | [elæjn] |
| Bestie (f) | peto | [peto] |

Eichhörnchen (n)	orava	[oraʋa]
Igel (m)	siili	[siːli]
Hase (m)	jänis	[jænis]
Kaninchen (n)	kaniini	[kaniːni]

Dachs (m)	mäyrä	[mæuræ]
Waschbär (m)	pesukarhu	[pesu·karhu]
Hamster (m)	hamsteri	[hamsteri]
Murmeltier (n)	murmeli	[murmeli]

Maulwurf (m)	maamyyrä	[maːmyːræ]
Maus (f)	hiiri	[hiːri]
Ratte (f)	rotta	[rotta]
Fledermaus (f)	lepakko	[lepakko]

Hermelin (n)	kärppä	[kærppæ]
Zobel (m)	soopeli	[soːpeli]
Marder (m)	näätä	[næːtæ]

| Wiesel (n) | lumikko | [lumikko] |
| Nerz (m) | minkki | [miŋkki] |

| Biber (m) | majava | [mɑjɑʋɑ] |
| Fischotter (m) | saukko | [sɑukko] |

Pferd (n)	hevonen	[heʋonen]
Elch (m)	hirvi	[hirʋi]
Hirsch (m)	poro	[poro]
Kamel (n)	kameli	[kɑmeli]

Bison (m)	biisoni	[bi:soni]
Wisent (m)	visentti	[ʋisentti]
Büffel (m)	puhveli	[puhʋeli]

Zebra (n)	seepra	[se:prɑ]
Antilope (f)	antilooppi	[ɑntilo:ppi]
Reh (n)	metsäkauris	[metsæ·kɑuris]
Damhirsch (m)	kuusipeura	[ku:si·peurɑ]
Gämse (f)	gemssi	[gemssi]
Wildschwein (n)	villisika	[ʋilli·sikɑ]

Wal (m)	valas	[ʋɑlɑs]
Seehund (m)	hylje	[hylje]
Walroß (n)	mursu	[mursu]
Seebär (m)	merikarhu	[meri·kɑrhu]
Delfin (m)	delfiini	[delfi:ni]

Bär (m)	karhu	[kɑrhu]
Eisbär (m)	jääkarhu	[jæ:kɑrhu]
Panda (m)	panda	[pɑndɑ]

Affe (m)	apina	[ɑpinɑ]
Schimpanse (m)	simpanssi	[simpɑnssi]
Orang-Utan (m)	oranki	[orɑŋki]
Gorilla (m)	gorilla	[gorillɑ]
Makak (m)	makaki	[mɑkɑki]
Gibbon (m)	gibboni	[gibboni]

| Elefant (m) | norsu | [norsu] |
| Nashorn (n) | sarvikuono | [sɑrʋi·kuono] |

| Giraffe (f) | kirahvi | [kirɑhʋi] |
| Flusspferd (n) | virtahepo | [ʋirtɑ·hepo] |

| Känguru (n) | kenguru | [keŋuru] |
| Koala (m) | pussikarhu | [pussi·kɑrhu] |

Manguste (f)	faaraorotta	[fɑ:rɑo·rottɑ]
Chinchilla (n)	sinsilla	[sinsillɑ]
Stinktier (n)	haisunäätä	[hɑisunæ:tæ]
Stachelschwein (n)	piikkisika	[pi:kki·sikɑ]

89. Haustiere

Katze (f)	**kissa**	[kissɑ]
Kater (m)	**kollikissa**	[kolli·kissɑ]
Hund (m)	**koira**	[kojrɑ]
Pferd (n)	**hevonen**	[heʋonen]
Hengst (m)	**ori**	[ori]
Stute (f)	**tamma**	[tɑmmɑ]
Kuh (f)	**lehmä**	[lehmæ]
Stier (m)	**sonni**	[sonni]
Ochse (m)	**härkä**	[hærkæ]
Schaf (n)	**lammas**	[lɑmmɑs]
Widder (m)	**pässi**	[pæssi]
Ziege (f)	**vuohi**	[ʋuoɦi]
Ziegenbock (m)	**pukki**	[pukki]
Esel (m)	**aasi**	[ɑ:si]
Maultier (n)	**muuli**	[mu:li]
Schwein (n)	**sika**	[sikɑ]
Ferkel (n)	**porsas**	[porsɑs]
Kaninchen (n)	**kaniini**	[kɑni:ni]
Huhn (n)	**kana**	[kɑnɑ]
Hahn (m)	**kukko**	[kukko]
Ente (f)	**ankka**	[ɑŋkkɑ]
Enterich (m)	**urosankka**	[uros·ɑŋkkɑ]
Gans (f)	**hanhi**	[hɑnhi]
Puter (m)	**uroskalkkuna**	[uros·kɑlkkunɑ]
Pute (f)	**kalkkuna**	[kɑlkkunɑ]
Haustiere (pl)	**kotieläimet**	[koti·elæjmet]
zahm	**kesy**	[kesy]
zähmen (vt)	**kesyttää**	[kesyttæ:]
züchten (vt)	**kasvattaa**	[kɑsʋɑttɑ:]
Farm (f)	**farmi**	[fɑrmi]
Geflügel (n)	**siipikarja**	[si:pi·kɑrjɑ]
Vieh (n)	**karja**	[kɑrjɑ]
Herde (f)	**lauma**	[lɑumɑ]
Pferdestall (m)	**hevostalli**	[heʋos·tɑlli]
Schweinestall (m)	**sikala**	[sikɑlɑ]
Kuhstall (m)	**navetta**	[nɑʋettɑ]
Kaninchenstall (m)	**kanikoppi**	[kɑni·koppi]
Hühnerstall (m)	**kanala**	[kɑnɑlɑ]

90. Vögel

Vogel (m)	lintu	[lintu]
Taube (f)	kyyhky	[ky:hky]
Spatz (m)	varpunen	[ʋarpunen]
Meise (f)	tiainen	[tiajnen]
Elster (f)	harakka	[harakka]

Rabe (m)	korppi	[korppi]
Krähe (f)	varis	[ʋaris]
Dohle (f)	naakka	[na:kka]
Saatkrähe (f)	mustavaris	[musta·ʋaris]

Ente (f)	ankka	[aŋkka]
Gans (f)	hanhi	[hanhi]
Fasan (m)	fasaani	[fasa:ni]

Adler (m)	kotka	[kotka]
Habicht (m)	haukka	[haukka]
Falke (m)	jalohaukka	[jalo·haukka]
Greif (m)	korppikotka	[korppi·kotka]
Kondor (m)	kondori	[kondori]

Schwan (m)	joutsen	[joutsen]
Kranich (m)	kurki	[kurki]
Storch (m)	haikara	[hajkara]

Papagei (m)	papukaija	[papukaija]
Kolibri (m)	kolibri	[kolibri]
Pfau (m)	riikinkukko	[ri:kiŋ·kukko]

Strauß (m)	strutsi	[strutsi]
Reiher (m)	haikara	[hajkara]
Flamingo (m)	flamingo	[flamiŋo]
Pelikan (m)	pelikaani	[pelika:ni]

| Nachtigall (f) | satakieli | [sata·kieli] |
| Schwalbe (f) | pääskynen | [pæ:skynen] |

Drossel (f)	rastas	[rastas]
Singdrossel (f)	laulurastas	[laulu·rastas]
Amsel (f)	mustarastas	[musta·rastas]

Segler (m)	tervapääsky	[terʋa·pæ:sky]
Lerche (f)	leivonen	[lejʋonen]
Wachtel (f)	viiriäinen	[ʋi:riæjnen]

Specht (m)	tikka	[tikka]
Kuckuck (m)	käki	[kæki]
Eule (f)	pöllö	[pøllø]
Uhu (m)	huuhkaja	[hu:hkaja]

Auerhahn (m)	metso	[metso]
Birkhahn (m)	teeri	[te:ri]
Rebhuhn (n)	peltopyy	[pelto·py:]

Star (m)	kottarainen	[kottarajnen]
Kanarienvogel (m)	kanarialintu	[kanaria·lintu]
Haselhuhn (n)	pyy	[py:]
Buchfink (m)	peippo	[pejppo]
Gimpel (m)	punatulkku	[puna·tulkku]

Möwe (f)	lokki	[lokki]
Albatros (m)	albatrossi	[albatrossi]
Pinguin (m)	pingviini	[piŋʋi:ni]

91. Fische. Meerestiere

Brachse (f)	lahna	[lahna]
Karpfen (m)	karppi	[karppi]
Barsch (m)	ahven	[ahʋen]
Wels (m)	monni	[monni]
Hecht (m)	hauki	[hauki]

| Lachs (m) | lohi | [lohi] |
| Stör (m) | sampi | [sampi] |

Hering (m)	silli	[silli]
atlantische Lachs (m)	merilohi	[meri·lohi]
Makrele (f)	makrilli	[makrilli]
Scholle (f)	kampela	[kampela]

Zander (m)	kuha	[kuha]
Dorsch (m)	turska	[turska]
Tunfisch (m)	tonnikala	[tonnikala]
Forelle (f)	taimen	[tajmen]

Aal (m)	ankerias	[aŋkerias]
Zitterrochen (m)	rausku	[rausku]
Muräne (f)	mureena	[mure:na]
Piranha (m)	punapiraija	[puna·piraija]

Hai (m)	hai	[haj]
Delfin (m)	delfiini	[delfi:ni]
Wal (m)	valas	[ʋalas]

Krabbe (f)	taskurapu	[tasku·rapu]
Meduse (f)	meduusa	[medu:sa]
Krake (m)	meritursas	[meri·tursas]

| Seestern (m) | meritähti | [meri·tæhti] |
| Seeigel (m) | merisiili | [meri·si:li] |

Seepferdchen (n)	merihevonen	[meri·heʋonen]
Auster (f)	osteri	[osteri]
Garnele (f)	katkarapu	[katkarapu]
Hummer (m)	hummeri	[hummeri]
Languste (f)	langusti	[laŋusti]

92. Amphibien Reptilien

Schlange (f)	käärme	[kæ:rme]
Gift-, giftig	myrkky-, myrkyllinen	[myrkky], [myrkyllinen]

Viper (f)	kyy	[ky:]
Kobra (f)	silmälasikäärme	[silmælɑsi·kæ:rme]
Python (m)	pyton	[pyton]
Boa (f)	jättiläiskäärme	[jættilæjs·kæ:rme]

Ringelnatter (f)	turhakäärme	[turhɑ·kæ:rme]
Klapperschlange (f)	kalkkarokäärme	[kɑlkkɑro·kæ:rme]
Anakonda (f)	anakonda	[ɑnɑkondɑ]

Eidechse (f)	lisko	[lisko]
Leguan (m)	iguaani	[iguɑ:ni]
Waran (m)	varaani	[ʋɑrɑ:ni]
Salamander (m)	salamanteri	[sɑlɑmɑnteri]
Chamäleon (n)	kameleontti	[kɑmeleontti]
Skorpion (m)	skorpioni	[skorpioni]

Schildkröte (f)	kilpikonna	[kilpi·konnɑ]
Frosch (m)	sammakko	[sɑmmɑkko]
Kröte (f)	konna	[konnɑ]
Krokodil (n)	krokotiili	[krokoti:li]

93. Insekten

Insekt (n)	hyönteinen	[hyøntejnen]
Schmetterling (m)	perhonen	[perhonen]
Ameise (f)	muurahainen	[mu:rɑhɑjnen]
Fliege (f)	kärpänen	[kærpænen]
Mücke (f)	hyttynen	[hyttynen]
Käfer (m)	kovakuoriainen	[koʋɑ·kuoriɑjnen]

Wespe (f)	ampiainen	[ɑmpiɑjnen]
Biene (f)	mehiläinen	[mehilæjnen]
Hummel (f)	kimalainen	[kimɑlɑjnen]
Bremse (f)	kiiliäinen	[ki:liæjnen]

Spinne (f)	hämähäkki	[hæmæhækki]
Spinnennetz (n)	hämähäkinseitti	[hæmæhækin·sejtti]

Libelle (f)	**sudenkorento**	[suden·korento]
Grashüpfer (m)	**hepokatti**	[hepokatti]
Schmetterling (m)	**yöperhonen**	[yø·perhonen]
Schabe (f)	**torakka**	[torɑkkɑ]
Zecke (f)	**punkki**	[puŋkki]
Floh (m)	**kirppu**	[kirppu]
Kriebelmücke (f)	**mäkärä**	[mækæræ]
Heuschrecke (f)	**kulkusirkka**	[kulku·sirkkɑ]
Schnecke (f)	**etana**	[etɑnɑ]
Heimchen (n)	**sirkka**	[sirkkɑ]
Leuchtkäfer (m)	**kiiltomato**	[kiːlto·mɑto]
Marienkäfer (m)	**leppäkerttu**	[leppæ·kerttu]
Maikäfer (m)	**turilas**	[turilɑs]
Blutegel (m)	**juotikas**	[juotikɑs]
Raupe (f)	**toukka**	[toukkɑ]
Wurm (m)	**kastemato**	[kɑste·mɑto]
Larve (f)	**toukka**	[toukkɑ]

FLORA

T&P Books Publishing

94. Bäume

Baum (m)	puu	[puː]
Laub-	lehti-	[lehti]
Nadel-	havu-	[hɑʋu]
immergrün	ikivihreä	[ikiʋihreɑ]

Apfelbaum (m)	omenapuu	[omenɑ·puː]
Birnbaum (m)	päärynäpuu	[pæːrynæ·puː]
Süßkirschbaum (m)	linnunkirsikkapuu	[linnun·kirsikkɑpuː]
Sauerkirschbaum (m)	hapankirsikkapuu	[hɑpɑn·kirsikkɑpuː]
Pflaumenbaum (m)	luumupuu	[luːmu·puː]

Birke (f)	koivu	[kojʋu]
Eiche (f)	tammi	[tɑmmi]
Linde (f)	lehmus	[lehmus]
Espe (f)	haapa	[hɑːpɑ]
Ahorn (m)	vaahtera	[ʋɑːhterɑ]

Fichte (f)	kuusipuu	[kuːsi·puː]
Kiefer (f)	mänty	[mænty]
Lärche (f)	lehtikuusi	[lehti·kuːsi]

| Tanne (f) | jalokuusi | [jɑloku·si] |
| Zeder (f) | setri | [setri] |

| Pappel (f) | poppeli | [poppeli] |
| Vogelbeerbaum (m) | pihlaja | [pihlɑjɑ] |

| Weide (f) | paju | [pɑju] |
| Erle (f) | leppä | [leppæ] |

| Buche (f) | pyökki | [pyøkki] |
| Ulme (f) | jalava | [jɑlɑʋɑ] |

| Esche (f) | saarni | [sɑːrni] |
| Kastanie (f) | kastanja | [kɑstɑnjɑ] |

Magnolie (f)	magnolia	[mɑgnoliɑ]
Palme (f)	palmu	[pɑlmu]
Zypresse (f)	sypressi	[sypressi]

Mangrovenbaum (m)	mangrove	[mɑŋroʋe]
Baobab (m)	apinanleipäpuu	[ɑpinɑn·lejpæpuː]
Eukalyptus (m)	eukalyptus	[eukɑlyptus]
Mammutbaum (m)	punapuu	[punɑ·puː]

95. Büsche

Strauch (m)	**pensas**	[pensɑs]
Gebüsch (n)	**pensaikko**	[pensɑjkko]
Weinstock (m)	**viinirypäleet**	[ʋiːniˑrypæleːt]
Weinberg (m)	**viinitarha**	[ʋiːniˑtɑrhɑ]
Himbeerstrauch (m)	**vadelma**	[ʋɑdelmɑ]
schwarze Johannisbeere (f)	**mustaherukka**	[mustɑˑherukkɑ]
rote Johannisbeere (f)	**punaherukka**	[punɑˑherukkɑ]
Stachelbeerstrauch (m)	**karviainen**	[kɑrʋiɑjnen]
Akazie (f)	**akasia**	[ɑkɑsiɑ]
Berberitze (f)	**happomarja**	[hɑppomɑrjɑ]
Jasmin (m)	**jasmiini**	[jɑsmiːni]
Wacholder (m)	**kataja**	[kɑtɑjɑ]
Rosenstrauch (m)	**ruusupensas**	[ruːsuˑpensɑs]
Heckenrose (f)	**villiruusu**	[ʋilliˑruːsu]

96. Obst. Beeren

Frucht (f)	**hedelmä**	[hedelmæ]
Früchte (pl)	**hedelmät**	[hedelmæt]
Apfel (m)	**omena**	[omenɑ]
Birne (f)	**päärynä**	[pæːrynæ]
Pflaume (f)	**luumu**	[luːmu]
Erdbeere (f)	**mansikka**	[mɑnsikkɑ]
Sauerkirsche (f)	**hapankirsikka**	[hɑpɑnˑkirsikkɑ]
Süßkirsche (f)	**linnunkirsikka**	[linnunˑkirsikkɑ]
Weintrauben (pl)	**viinirypäleet**	[ʋiːniˑrypæleːt]
Himbeere (f)	**vadelma**	[ʋɑdelmɑ]
schwarze Johannisbeere (f)	**mustaherukka**	[mustɑˑherukkɑ]
rote Johannisbeere (f)	**punaherukka**	[punɑˑherukkɑ]
Stachelbeere (f)	**karviainen**	[kɑrʋiɑjnen]
Moosbeere (f)	**karpalo**	[kɑrpɑlo]
Apfelsine (f)	**appelsiini**	[ɑppelsiːni]
Mandarine (f)	**mandariini**	[mɑndɑriːni]
Ananas (f)	**ananas**	[ɑnɑnɑs]
Banane (f)	**banaani**	[bɑnɑːni]
Dattel (f)	**taateli**	[tɑːteli]
Zitrone (f)	**sitruuna**	[sitruːnɑ]
Aprikose (f)	**aprikoosi**	[ɑprikoːsi]

Pfirsich (m)	persikka	[persikka]
Kiwi (f)	kiivi	[ki:ʋi]
Grapefruit (f)	greippi	[grejppi]

Beere (f)	marja	[marja]
Beeren (pl)	marjat	[marjat]
Preiselbeere (f)	puolukka	[puolukka]
Walderdbeere (f)	ahomansikka	[aho·mansikka]
Heidelbeere (f)	mustikka	[mustikka]

97. Blumen. Pflanzen

| Blume (f) | kukka | [kukka] |
| Blumenstrauß (m) | kukkakimppu | [kukka·kimppu] |

Rose (f)	ruusu	[ru:su]
Tulpe (f)	tulppani	[tulppani]
Nelke (f)	neilikka	[nejlikka]
Gladiole (f)	miekkalilja	[miekkalilja]

Kornblume (f)	kaunokki	[kaunokki]
Glockenblume (f)	kissankello	[kissan·kello]
Löwenzahn (m)	voikukka	[ʋoj·kukka]
Kamille (f)	päivänkakkara	[pæejʋæn·kakkara]

Aloe (f)	aaloe	[a:loe]
Kaktus (m)	kaktus	[kaktus]
Gummibaum (m)	fiikus	[fi:kus]

Lilie (f)	lilja	[lilja]
Geranie (f)	kurjenpolvi	[kurjen·polʋi]
Hyazinthe (f)	hyasintti	[hyasintti]

Mimose (f)	mimosa	[mimosa]
Narzisse (f)	narsissi	[narsissi]
Kapuzinerkresse (f)	koristekrassi	[koriste·krassi]

Orchidee (f)	orkidea	[orkidea]
Pfingstrose (f)	pioni	[pioni]
Veilchen (n)	orvokki	[orʋokki]

Stiefmütterchen (n)	keto-orvokki	[keto·orʋokki]
Vergissmeinnicht (n)	lemmikki	[lemmikki]
Gänseblümchen (n)	kaunokainen	[kaunokajnen]

Mohn (m)	unikko	[unikko]
Hanf (m)	hamppu	[hamppu]
Minze (f)	minttu	[minttu]
Maiglöckchen (n)	kielo	[kielo]
Schneeglöckchen (n)	lumikello	[lumi·kello]

Brennnessel (f)	nokkonen	[nokkonen]
Sauerampfer (m)	suolaheinä	[suola·hejnæ]
Seerose (f)	lumme	[lumme]
Farn (m)	saniainen	[saniɑjnen]
Flechte (f)	jäkälä	[jækælæ]

Gewächshaus (n)	talvipuutarha	[tɑlʋi·puːtɑrhɑ]
Rasen (m)	nurmikko	[nurmikko]
Blumenbeet (n)	kukkapenkki	[kukkɑ·peŋkki]

Pflanze (f)	kasvi	[kɑsʋi]
Gras (n)	ruoho	[ruoho]
Grashalm (m)	heinänkorsi	[hejnæŋ·korsi]

Blatt (n)	lehti	[lehti]
Blütenblatt (n)	terälehti	[teræ·lehti]
Stiel (m)	varsi	[ʋɑrsi]
Knolle (f)	mukula	[mukulɑ]

| Jungpflanze (f) | itu | [itu] |
| Dorn (m) | piikki | [piːkki] |

blühen (vi)	kukkia	[kukkiɑ]
welken (vi)	kuihtua	[kujhtuɑ]
Geruch (m)	tuoksu	[tuoksu]
abschneiden (vt)	leikata	[lejkɑtɑ]
pflücken (vt)	repiä	[repiæ]

98. Getreide, Körner

Getreide (n)	vilja	[ʋiljɑ]
Getreidepflanzen (pl)	viljat	[ʋiljɑt]
Ähre (f)	tähkä	[tæhkæ]

Weizen (m)	vehnä	[ʋehnæ]
Roggen (m)	ruis	[rujs]
Hafer (m)	kaura	[kɑurɑ]

| Hirse (f) | hirssi | [hirssi] |
| Gerste (f) | ohra | [ohrɑ] |

Mais (m)	maissi	[mɑjssi]
Reis (m)	riisi	[riːsi]
Buchweizen (m)	tattari	[tɑttɑri]

Erbse (f)	herne	[herne]
weiße Bohne (f)	pavut	[pɑʋut]
Sojabohne (f)	soija	[soijɑ]
Linse (f)	linssi	[linssi]
Bohnen (pl)	pavut	[pɑʋut]

LÄNDER DER WELT

99. Länder. Teil 1
100. Länder. Teil 2
101. Länder. Teil 3

T&P Books Publishing

Afghanistan	**Afganistan**	[afganistan]
Ägypten	**Egypti**	[egypti]
Albanien	**Albania**	[albania]
Argentinien	**Argentiina**	[argenti:na]
Armenien	**Armenia**	[armeniæ]
Aserbaidschan	**Azerbaidžan**	[azerbajdʒan]
Australien	**Australia**	[australia]
Bangladesch	**Bangladesh**	[baŋladeʃ]
Belgien	**Belgia**	[belgia]
Bolivien	**Bolivia**	[boliʋia]
Bosnien und Herzegowina	**Bosnia ja Hertsegovina**	[bosnia ja hertsegoʋina]
Brasilien	**Brasilia**	[brasilia]
Bulgarien	**Bulgaria**	[bulgaria]
Chile	**Chile**	[tʃile]
China	**Kiina**	[ki:na]
Dänemark	**Tanska**	[tanska]
Deutschland	**Saksa**	[saksa]
Die Bahamas	**Bahama**	[bahama]
Die Vereinigten Staaten	**Yhdysvallat**	[yhdys·ʋallat]
Dominikanische Republik	**Dominikaaninen tasavalta**	[dominika:ninen tasaʋalta]
Ecuador	**Ecuador**	[ekuador]
England	**Englanti**	[eŋlanti]
Estland	**Viro**	[ʋiro]
Finnland	**Suomi**	[suomi]
Frankreich	**Ranska**	[ranska]
Französisch-Polynesien	**Ranskan Polynesia**	[ranskan polynesia]
Georgien	**Georgia**	[georgia]
Ghana	**Ghana**	[gana]
Griechenland	**Kreikka**	[krejkka]
Großbritannien	**Iso-Britannia**	[iso·britannia]
Haiti	**Haiti**	[haiti]
Indien	**Intia**	[intia]
Indonesien	**Indonesia**	[indonesia]
Irak	**Irak**	[irak]
Iran	**Iran**	[iran]
Irland	**Irlanti**	[irlanti]
Island	**Islanti**	[islanti]
Israel	**Israel**	[israel]
Italien	**Italia**	[italia]

100. Länder. Teil 2

Jamaika	Jamaika	[jamajka]
Japan	Japani	[japani]
Jordanien	Jordania	[jordania]

Kambodscha	Kambodža	[kambodʒa]
Kanada	Kanada	[kanada]
Kasachstan	Kazakstan	[kazakstan]
Kenia	Kenia	[kenia]
Kirgisien	Kirgisia	[kirgisia]
Kolumbien	Kolumbia	[kolumbia]
Kroatien	Kroatia	[kroatia]
Kuba	Kuuba	[kuːba]
Kuwait	Kuwait	[kuʋajt]

Laos	Laos	[laos]
Lettland	Latvia	[latʋia]
Libanon (m)	Libanon	[libanon]
Libyen	Libya	[libya]
Liechtenstein	Liechtenstein	[lihtenʃtajn]
Litauen	Liettua	[liettua]
Luxemburg	Luxemburg	[lyksemburg]

Madagaskar	Madagaskar	[madagaskar]
Makedonien	Makedonia	[makedonia]
Malaysia	Malesia	[malesia]
Malta	Malta	[malta]
Marokko	Marokko	[marokko]
Mexiko	Meksiko	[meksiko]
Moldawien	Moldova	[moldoʋa]
Monaco	Monaco	[monako]
Mongolei (f)	Mongolia	[moŋolia]
Montenegro	Montenegro	[monte·negro]
Myanmar	Myanmar	[myanmar]

Namibia	Namibia	[namibiæ]
Nepal	Nepal	[nepal]
Neuseeland	Uusi-Seelanti	[uːsi·seːlanti]
Niederlande (f)	Alankomaat	[alaŋkomaːt]
Nordkorea	Pohjois-Korea	[pohjois·korea]
Norwegen	Norja	[norja]
Österreich	Itävalta	[itæʋalta]

101. Länder. Teil 3

Pakistan	Pakistan	[pakistan]
Palästina	Palestiinalaishallinto	[palestiːnalajs·hallinto]
Panama	Panama	[panama]

Paraguay	**Paraguay**	[paraguaj]
Peru	**Peru**	[peru]
Polen	**Puola**	[puola]
Portugal	**Portugali**	[portugali]
Republik Südafrika	**Etelä-Afrikka**	[etelæ·afrikka]
Rumänien	**Romania**	[romania]
Russland	**Venäjä**	[ʋenæjæ]
Sansibar	**Sansibar**	[sansibar]
Saudi-Arabien	**Saudi-Arabia**	[saudi·arabia]
Schottland	**Skotlanti**	[skotlanti]
Schweden	**Ruotsi**	[ruotsi]
Schweiz (f)	**Sveitsi**	[sʋejtsi]
Senegal	**Senegal**	[senegal]
Serbien	**Serbia**	[serbia]
Slowakei (f)	**Slovakia**	[sloʋakia]
Slowenien	**Slovenia**	[sloʋenia]
Spanien	**Espanja**	[espanja]
Südkorea	**Etelä-Korea**	[etelæ·korea]
Suriname	**Suriname**	[suriname]
Syrien	**Syyria**	[sy:ria]
Tadschikistan	**Tadžhikistan**	[tadʒikistan]
Taiwan	**Taiwan**	[tajʋan]
Tansania	**Tansania**	[tansania]
Tasmanien	**Tasmania**	[tasmania]
Thailand	**Thaimaa**	[thajma:]
Tschechien	**Tšekki**	[tʃekki]
Tunesien	**Tunisia**	[tunisia]
Türkei (f)	**Turkki**	[turkki]
Turkmenistan	**Turkmenistan**	[turkmenistan]
Ukraine (f)	**Ukraina**	[ukrajna]
Ungarn	**Unkari**	[uŋkari]
Uruguay	**Uruguay**	[uruguaj]
Usbekistan	**Uzbekistan**	[uzbekistan]
Vatikan (m)	**Vatikaanivaltio**	[ʋatika:ni·ʋaltio]
Venezuela	**Venezuela**	[ʋenezuela]
Vereinigten Arabischen Emirate	**Arabiemiirikuntien liitto**	[arabi·emi:ri·kuntien li:tto]
Vietnam	**Vietnam**	[ʋjetnam]
Weißrussland	**Valko-Venäjä**	[ʋalko·ʋenæjæ]
Zypern	**Kypros**	[kypros]

GASTRONOMISCHES WÖRTERBUCH

Dieser Teil beinhaltet viele
Wörter und Begriffe im
Zusammenhang mit
Lebensmitteln.
Dieses Wörterbuch wird es
einfacher für Sie machen,
um das Menü in einem
Restaurant zu verstehen
und die richtige Speise
zu wählen

T&P Books Publishing

Ähre (f)	tähkä	[tæhkæ]
Aal (m)	ankerias	[aŋkerias]
Abendessen (n)	illallinen	[illallinen]
alkoholfrei	alkoholiton	[alkoȟoliton]
alkoholfreies Getränk (n)	alkoholiton juoma	[alkoȟoliton juoma]
Ananas (f)	ananas	[ananas]
Anis (m)	anis	[anis]
Aperitif (m)	aperitiivi	[aperiti:ʋi]
Apfel (m)	omena	[omena]
Apfelsine (f)	appelsiini	[appelsi:ni]
Appetit (m)	ruokahalu	[ruoka·halu]
Aprikose (f)	aprikoosi	[apriko:si]
Artischocke (f)	artisokka	[artisokka]
atlantische Lachs (m)	merilohi	[meri·loȟi]
Aubergine (f)	munakoiso	[muna·kojso]
Auster (f)	osteri	[osteri]
Avocado (f)	avokado	[aʋokado]
Banane (f)	banaani	[bana:ni]
Bar (f)	baari	[ba:ri]
Barmixer (m)	baarimestari	[ba:ri·mestari]
Barsch (m)	ahven	[ahʋen]
Basilikum (n)	basilika	[basilika]
Beefsteak (n)	pihvi	[pihʋi]
Beere (f)	marja	[marja]
Beeren (pl)	marjat	[marjat]
Beigeschmack (m)	sivumaku	[siʋu·maku]
Beilage (f)	lisäke	[lisæke]
belegtes Brot (n)	voileipä	[ʋoj·lejpæ]
Bier (n)	olut	[olut]
Birkenpilz (m)	lehmäntatti	[lehmæn·tatti]
Birne (f)	päärynä	[pæ:rynæ]
bitter	karvas	[karʋas]
Blumenkohl (m)	kukkakaali	[kukka·ka:li]
Bohnen (pl)	pavut	[paʋut]
Bonbon (m, n)	karamelli	[karamelli]
Brühe (f), Bouillon (f)	liemi	[liemi]
Brachse (f)	lahna	[lahna]
Brei (m)	puuro	[pu:ro]
Brokkoli (m)	parsakaali	[parsa·ka:li]
Brombeere (f)	karhunvatukka	[karhun·ʋatukka]
Brot (n)	leipä	[lejpæ]
Buchweizen (m)	tattari	[tattari]
Butter (f)	voi	[ʋoj]
Buttercreme (f)	kreemi	[kre:mi]

Cappuccino (m)	cappuccino	[kaputʃi:no]
Champagner (m)	samppanja	[samppanja]
Cocktail (m)	cocktail	[koktejl]
Dattel (f)	taateli	[ta:teli]
Diät (f)	dieetti	[die:ti]
Dill (m)	tilli	[tilli]
Dorsch (m)	turska	[turska]
Dosenöffner (m)	purkinavaaja	[purkin·aʋa:ja]
Dunkelbier (n)	tumma olut	[tumma olut]
Ei (n)	muna	[muna]
Eier (pl)	munat	[munat]
Eigelb (n)	keltuainen	[keltuajnen]
Eis (n)	jää	[jæ:]
Eis (n)	jäätelö	[jæ:telø]
Eiweiß (n)	valkuainen	[ʋalku·ajnen]
Ente (f)	ankka	[aŋkka]
Erbse (f)	herne	[herne]
Erdbeere (f)	mansikka	[mansikka]
Erdnuss (f)	maapähkinä	[ma:pæhkinæ]
Erfrischungsgetränk (n)	virvoitusjuoma	[ʋirʋojtus·juoma]
essbarer Pilz (m)	ruokasieni	[ruoka·sieni]
Essen (n)	ruoka	[ruoka]
Essig (m)	etikka	[etikka]
Esslöffel (m)	ruokalusikka	[ruoka·lusikka]
Füllung (f)	täyte	[tæyte]
Feige (f)	viikuna	[ʋi:kuna]
Fett (n)	rasvat	[rasʋat]
Fisch (m)	kala	[kala]
Flaschenöffner (m)	pullonavaaja	[pullon·aʋa:ja]
Fleisch (n)	liha	[liħa]
Fliegenpilz (m)	kärpässieni	[kærpæssieni]
Forelle (f)	taimen	[tajmen]
Früchte (pl)	hedelmät	[hedelmæt]
Frühstück (n)	aamiainen	[a:miajnen]
frisch gepresster Saft (m)	tuoremehu	[tuore·meħu]
Frucht (f)	hedelmä	[hedelmæ]
Gabel (f)	haarukka	[ha:rukka]
Gans (f)	hanhi	[hanhi]
Garnele (f)	katkarapu	[katkarapu]
gebraten	paistettu	[pajstettu]
gekocht	keitetty	[kejtetty]
Gemüse (n)	vihannekset	[ʋiħannekset]
geräuchert	savustettu	[saʋustettu]
Gericht (n)	ruokalaji	[ruoka·laji]
Gerste (f)	ohra	[ohra]
Geschmack (m)	maku	[maku]
Getreide (n)	vilja	[ʋilja]
Getreidepflanzen (pl)	viljat	[ʋiljat]
getrocknet	kuivattu	[kujʋattu]
Gewürz (n)	höyste	[høyste]
Gewürz (n)	mauste	[mauste]
Giftpilz (m)	myrkkysieni	[myrkky·sieni]

Gin (m)	gini	[gini]
Grüner Knollenblätterpilz (m)	kavalakärpässieni	[kaʋala·kærpæssieni]
grüner Tee (m)	vihreä tee	[ʋihreæ te:]
grünes Gemüse (pl)	lehtikasvikset	[lehti·kasʋikset]
Grütze (f)	suurimot	[su:rimot]
Granatapfel (m)	granaattiomena	[grana:tti·omena]
Grapefruit (f)	greippi	[grejppi]
Gurke (f)	kurkku	[kurkku]
Guten Appetit!	Hyvää ruokahalua!	[hyʋæ: ruokaɦalua]
Hühnerfleisch (n)	kana	[kana]
Hackfleisch (n)	jauheliha	[jauɦe·liɦa]
Hafer (m)	kaura	[kaura]
Hai (m)	hai	[haj]
Hamburger (m)	hampurilainen	[hampurilajnen]
Hammelfleisch (n)	lampaanliha	[lampa:n·liɦa]
Haselnuss (f)	hasselpähkinä	[hassel·pæhkinæ]
Hecht (m)	hauki	[hauki]
heiß	kuuma	[ku:ma]
Heidelbeere (f)	mustikka	[mustikka]
Heilbutt (m)	pallas	[pallas]
Helles (n)	vaalea olut	[ʋa:lea olut]
Hering (m)	silli	[silli]
Himbeere (f)	vadelma	[ʋadelma]
Hirse (f)	hirssi	[hirssi]
Honig (m)	hunaja	[hunaja]
Ingwer (m)	inkivääri	[iŋkiʋæ:ri]
Joghurt (m, f)	jogurtti	[jogurtti]
Käse (m)	juusto	[ju:sto]
Küche (f)	keittiö	[kejttiø]
Kümmel (m)	kumina	[kumina]
Kürbis (m)	kurpitsa	[kurpitsa]
Kaffee (m)	kahvi	[kahʋi]
Kalbfleisch (n)	vasikanliha	[ʋasikan·liɦa]
Kalmar (m)	kalmari	[kalmari]
Kalorie (f)	kalori	[kalori]
kalt	kylmä	[kylmæ]
Kaninchenfleisch (n)	kaniini	[kani:ni]
Karotte (f)	porkkana	[porkkana]
Karpfen (m)	karppi	[karppi]
Kartoffel (f)	peruna	[peruna]
Kartoffelpüree (n)	perunasose	[peruna·sose]
Kaugummi (m, n)	purukumi	[puru·kumi]
Kaviar (m)	kaviaari	[kaʋia:ri]
Keks (m, n)	keksit	[keksit]
Kellner (m)	tarjoilija	[tarjoilija]
Kellnerin (f)	tarjoilijatar	[tarjoilijatar]
Kiwi, Kiwifrucht (f)	kiivi	[ki:ʋi]
Knoblauch (m)	valkosipuli	[ʋalko·sipuli]
Kognak (m)	konjakki	[konjakki]
Kohl (m)	kaali	[ka:li]
Kohlenhydrat (n)	hiilihydraatit	[hi:li·hydra:tit]

Kokosnuss (f)	kookospähkinä	[ko:kos·pæhkinæ]
Kondensmilch (f)	maitotiiviste	[majto·ti:uiste]
Konditorwaren (pl)	konditoriatuotteet	[konditorja·tuotte:t]
Konfitüre (f)	hillo	[hillo]
Konserven (pl)	säilyke	[sæjlyke]
Kopf Salat (m)	lehtisalaatti	[lehti·sala:tti]
Koriander (m)	korianteri	[korianteri]
Korkenzieher (m)	korkkiruuvi	[korkki·ru:ui]
Krümel (m)	muru	[muru]
Krabbe (f)	kuningasrapu	[kuninas·rapu]
Krebstiere (pl)	äyriäiset	[æyriæjset]
Kuchen (m)	leivos	[lejuos]
Kuchen (m)	piirakka	[pi:rakka]
Löffel (m)	lusikka	[lusikka]
Lachs (m)	lohi	[lohi]
Languste (f)	langusti	[lanusti]
Leber (f)	maksa	[maksa]
lecker	maukas	[maukas]
Likör (m)	likööri	[likø:ri]
Limonade (f)	limonadi	[limonadi]
Linse (f)	linssi	[linssi]
Lorbeerblatt (n)	laakerinlehti	[la:kerin·lehti]
Mais (m)	maissi	[majssi]
Mais (m)	maissi	[majssi]
Maisflocken (pl)	maissimurot	[majssi·murot]
Makrele (f)	makrilli	[makrilli]
Mandarine (f)	mandariini	[mandari:ni]
Mandel (f)	manteli	[manteli]
Mango (f)	mango	[mano]
Margarine (f)	margariini	[margari:ni]
mariniert	säilötty	[sæjløtty]
Marmelade (f)	hillo	[hillo]
Marmelade (f)	marmeladi	[marmeladi]
Mayonnaise (f)	majoneesi	[majone:si]
Meeresfrüchte (pl)	meren antimet	[meren antimet]
Meerrettich (m)	piparjuuri	[pipar·ju:ri]
Mehl (n)	jauhot	[jauhot]
Melone (f)	meloni	[meloni]
Messer (n)	veitsi	[uejtsi]
Milch (f)	maito	[majto]
Milchcocktail (m)	pirtelö	[pirtelø]
Milchkaffee (m)	maitokahvi	[majto·kahui]
Mineralwasser (n)	kivennäisvesi	[kiuennæjs·uesi]
mit Eis	jään kanssa	[jæ:n kanssa]
mit Gas	hiilihappoinen	[hi:li·happojnen]
mit Kohlensäure	hiilihappovettä	[hi:li·happouetta]
Mittagessen (n)	lounas	[lounas]
Moosbeere (f)	karpalo	[karpalo]
Morchel (f)	huhtasieni	[huhtasieni]
Nachtisch (m)	jälkiruoka	[jælki·ruoka]
Nelke (f)	neilikka	[nejlikka]
Nudeln (pl)	nuudeli	[nu:deli]

Oliven (pl)	oliivit	[oli:ʋit]
Olivenöl (n)	oliiviöljy	[oli:ʋi·øljy]
Omelett (n)	munakas	[munakas]
Orangensaft (m)	appelsiinimehu	[appelsi:ni·meɦu]
Papaya (f)	papaija	[papaija]
Paprika (m)	paprika	[paprika]
Paprika (m)	paprika	[paprika]
Pastete (f)	patee	[pate:]
Petersilie (f)	persilja	[persilja]
Pfifferling (m)	keltavahvero	[kelta·ʋahʋero]
Pfirsich (m)	persikka	[persikka]
Pflanzenöl (n)	kasviöljy	[kasʋi·øljy]
Pflaume (f)	luumu	[lu:mu]
Pilz (m)	sieni	[sieni]
Pistazien (pl)	pistaasi	[pista:si]
Pizza (f)	pizza	[pitsa]
Portion (f)	annos	[annos]
Preiselbeere (f)	puolukka	[puolukka]
Protein (n)	proteiinit	[protei:nit]
Pudding (m)	vanukas	[vanukas]
Pulverkaffee (m)	murukahvi	[muru·kahʋi]
Pute (f)	kalkkuna	[kalkkuna]
Räucherschinken (m)	savustettu kinkku	[saʋustettu kiŋkku]
Rübe (f)	nauris	[nauris]
Radieschen (n)	retiisi	[reti:si]
Rechnung (f)	lasku	[lasku]
Reis (m)	riisi	[ri:si]
Rezept (n)	resepti	[resepti]
Rindfleisch (n)	naudanliha	[naudan·liɦa]
Roggen (m)	ruis	[rujs]
Rosenkohl (m)	brysselinkaali	[brysseliŋ·ka:li]
Rosinen (pl)	rusina	[rusina]
Rote Bete (f)	punajuuri	[puna·ju:ri]
rote Johannisbeere (f)	punaherukka	[puna·ɦerukka]
roter Pfeffer (m)	kuuma pippuri	[ku:ma pippuri]
Rotkappe (f)	punikkitatti	[punikki·tatti]
Rotwein (m)	punaviini	[puna·ʋi:ni]
Rum (m)	rommi	[rommi]
süß	makea	[makea]
Süßkirsche (f)	linnunkirsikka	[linnun·kirsikka]
Safran (m)	sahrami	[sahrami]
Saft (m)	mehu	[meɦu]
Sahne (f)	kerma	[kerma]
Salat (m)	salaatti	[sala:tti]
Salz (n)	suola	[suola]
salzig	suolainen	[suolajnen]
Sardine (f)	sardiini	[sardi:ni]
Sauerkirsche (f)	hapankirsikka	[hapan·kirsikka]
saure Sahne (f)	hapankerma	[hapan·kerma]
Schale (f)	kuori	[kuori]
Scheibchen (n)	viipale	[ʋi:pale]
Schinken (m)	kinkku	[kiŋkku]

Schinkenspeck (m)	pekoni	[pekoni]
Schokolade (f)	suklaa	[sukla:]
Schokoladen-	suklaa-	[sukla:]
Scholle (f)	kampela	[kampela]
schwarze Johannisbeere (f)	mustaherukka	[musta·herukka]
schwarzer Kaffee (m)	musta kahvi	[musta kahui]
schwarzer Pfeffer (m)	musta pippuri	[musta pippuri]
schwarzer Tee (m)	musta tee	[musta te:]
Schweinefleisch (n)	sianliha	[sian·liha]
Sellerie (m)	selleri	[selleri]
Senf (m)	sinappi	[sinappi]
Sesam (m)	seesami	[se:sami]
Soße (f)	kastike	[kastike]
Sojabohne (f)	soija	[soija]
Sonnenblumenöl (n)	auringonkukkaöljy	[aurinon·kukka·øljy]
Spaghetti (pl)	spagetti	[spagetti]
Spargel (m)	parsa	[parsa]
Speisekarte (f)	ruokalista	[ruoka·lista]
Spiegelei (n)	paistettu muna	[pajstettu muna]
Spinat (m)	pinaatti	[pina:tti]
Spirituosen (pl)	alkoholijuomat	[alkoholi·juomat]
Störfleisch (n)	sampi	[sampi]
Stück (n)	pala, viipale	[pala], [ui:pale]
Stachelbeere (f)	karviainen	[karuiajnen]
Steinpilz (m)	herkkutatti	[herkkutatti]
still	ilman hiilihappoa	[ilman hi:li·happoa]
Suppe (f)	keitto	[kejtto]
Täubling (m)	hapero	[hapero]
Tasse (f)	kuppi	[kuppi]
Tee (m)	tee	[te:]
Teelöffel (m)	teelusikka	[te:lusikka]
Teigwaren (pl)	pasta, makaroni	[pasta], [makaroni]
Tellor (m)	lautanen	[lautanen]
tiefgekühlt	jäädytetty	[jæ:dytetty]
Tomate (f)	tomaatti	[toma:tti]
Tomatensaft (m)	tomaattimehu	[toma:tti·mehu]
Torte (f)	kakku	[kakku]
Trinkgeld (n)	juomaraha	[juoma·raha]
Trinkwasser (n)	juomavesi	[juoma·uesi]
Tunfisch (m)	tonnikala	[tonnikala]
Untertasse (f)	teevati	[te:uati]
Vegetarier (m)	kasvissyöjä	[kasuissyøjæ]
vegetarisch	kasvis-	[kasuis]
Vitamin (n)	vitamiini	[uitami:ni]
Vorspeise (f)	alkupala	[alku·pala]
Würstchen (n)	nakki	[nakki]
Waffeln (pl)	vohvelit	[uohuelit]
Walderdbeere (f)	ahomansikka	[aho·mansikka]
Walnuss (f)	saksanpähkinä	[saksan·pæhkinæ]
Wasser (n)	vesi	[uesi]
Wasserglas (n)	juomalasi	[juoma·lasi]

Wassermelone (f)	**vesimeloni**	[ʋesi·meloni]
weiße Bohne (f)	**pavut**	[pɑʋut]
Weißwein (m)	**valkoviini**	[ʋɑlko·ʋiːni]
Wein (m)	**viini**	[ʋiːni]
Weinglas (n)	**viinilasi**	[ʋiːni·lɑsi]
Weinkarte (f)	**viinilista**	[ʋiːni·listɑ]
Weintrauben (pl)	**viinirypäleet**	[ʋiːni·rypæleːt]
Weizen (m)	**vehnä**	[ʋehnæ]
Wels (m)	**monni**	[monni]
Wermut (m)	**vermutti**	[ʋermutti]
Whisky (m)	**viski**	[ʋiski]
Wild (n)	**riista**	[riːstɑ]
Wodka (m)	**votka, vodka**	[ʋotkɑ], [ʋodkɑ]
Wurst (f)	**makkara**	[mɑkkɑrɑ]
Zahnstocher (m)	**hammastikku**	[hɑmmɑs·tikku]
Zander (m)	**kuha**	[kuhɑ]
Zimt (m)	**kaneli**	[kɑneli]
Zitrone (f)	**sitruuna**	[sitruːnɑ]
Zucchini (f)	**kesäkurpitsa**	[kesæ·kurpitsɑ]
Zucker (m)	**sokeri**	[sokeri]
Zunge (f)	**kieli**	[kieli]
Zwiebel (f)	**sipuli**	[sipuli]

Finnisch-Deutsch gastronomisches wörterbuch

äyriäiset	[æyriæjset]	Krebstiere (pl)
aamiainen	[ɑːmiɑjnen]	Frühstück (n)
ahomansikka	[aho·mansikka]	Walderdbeere (f)
ahven	[ahʋen]	Barsch (m)
alkoholijuomat	[alkoholi·juomat]	Spirituosen (pl)
alkoholiton	[alkoholiton]	alkoholfrei
alkoholiton juoma	[alkoholiton juoma]	alkoholfreies Getränk (n)
alkupala	[alku·pala]	Vorspeise (f)
ananas	[ananas]	Ananas (f)
anis	[anis]	Anis (m)
ankerias	[aŋkerias]	Aal (m)
ankka	[aŋkka]	Ente (f)
annos	[annos]	Portion (f)
aperitiivi	[aperiti:ʋi]	Aperitif (m)
appelsiini	[appelsi:ni]	Apfelsine (f)
appelsiinimehu	[appelsi:ni·mehu]	Orangensaft (m)
aprikoosi	[apriko:si]	Aprikose (f)
artisokka	[artisokka]	Artischocke (f)
auringonkukkaöljy	[auriŋon·kukka·øljy]	Sonnenblumenöl (n)
avokado	[aʋokado]	Avocado (f)
baari	[ba:ri]	Bar (f)
baarimestari	[ba:ri·mestari]	Barmixer (m)
banaani	[bana:ni]	Banane (f)
basilika	[basilika]	Basilikum (n)
brysselinkaali	[brysseliŋ·ka:li]	Rosenkohl (m)
cappuccino	[kaputʃi:no]	Cappuccino (m)
cocktail	[koktejl]	Cocktail (m)
dieetti	[die:ti]	Diät (f)
etikka	[etikka]	Essig (m)
gini	[gini]	Gin (m)
granaattiomena	[grana:tti·omena]	Granatapfel (m)
greippi	[grejppi]	Grapefruit (f)
höyste	[høyste]	Gewürz (n)
haarukka	[ha:rukka]	Gabel (f)
hai	[haj]	Hai (m)
hammastikku	[hammas·tikku]	Zahnstocher (m)
hampurilainen	[hampurilajnen]	Hamburger (m)
hanhi	[hanhi]	Gans (f)
hapankerma	[hapan·kerma]	saure Sahne (f)
hapankirsikka	[hapan·kirsikka]	Sauerkirsche (f)
hapero	[hapero]	Täubling (m)
hasselpähkinä	[hassel·pæhkinæ]	Haselnuss (f)
hauki	[hauki]	Hecht (m)
hedelmä	[hedelmæ]	Frucht (f)

hedelmät	[hedelmæt]	Früchte (pl)
herkkutatti	[herkkutatti]	Steinpilz (m)
herne	[herne]	Erbse (f)
hiilihappoinen	[hi:li·happojnen]	mit Gas
hiilihappovettä	[hi:li·happovetta]	mit Kohlensäure
hiilihydraatit	[hi:li·hydra:tit]	Kohlenhydrat (n)
hillo	[hillo]	Marmelade (f)
hillo	[hillo]	Konfitüre (f)
hirssi	[hirssi]	Hirse (f)
huhtasieni	[huhtasieni]	Morchel (f)
hunaja	[hunaja]	Honig (m)
Hyvää ruokahalua!	[hyuæ: ruokahalua]	Guten Appetit!
illallinen	[illallinen]	Abendessen (n)
ilman hiilihappoa	[ilman hi:li·happoa]	still
inkivääri	[iŋkiuæ:ri]	Ingwer (m)
jää	[jæ:]	Eis (n)
jäädytetty	[jæ:dytetty]	tiefgekühlt
jään kanssa	[jæ:n kanssa]	mit Eis
jäätelö	[jæ:telø]	Eis (n)
jälkiruoka	[jælki·ruoka]	Nachtisch (m)
jauheliha	[jauhe·liha]	Hackfleisch (n)
jauhot	[jauhot]	Mehl (n)
jogurtti	[jogurtti]	Joghurt (m, f)
juomalasi	[juoma·lasi]	Wasserglas (n)
juomaraha	[juoma·raha]	Trinkgeld (n)
juomavesi	[juoma·uesi]	Trinkwasser (n)
juusto	[ju:sto]	Käse (m)
kärpässieni	[kærpæssieni]	Fliegenpilz (m)
kaali	[ka:li]	Kohl (m)
kahvi	[kahui]	Kaffee (m)
kakku	[kakku]	Torte (f)
kala	[kala]	Fisch (m)
kalkkuna	[kalkkuna]	Pute (f)
kalmari	[kalmari]	Kalmar (m)
kalori	[kalori]	Kalorie (f)
kampela	[kampela]	Scholle (f)
kana	[kana]	Hühnerfleisch (n)
kaneli	[kaneli]	Zimt (m)
kaniini	[kani:ni]	Kaninchenfleisch (n)
karamelli	[karamelli]	Bonbon (m, n)
karhunvatukka	[karhun·uatukka]	Brombeere (f)
karpalo	[karpalo]	Moosbeere (f)
karppi	[karppi]	Karpfen (m)
karvas	[karuas]	bitter
karviainen	[karuiajnen]	Stachelbeere (f)
kastike	[kastike]	Soße (f)
kasviöljy	[kasui·øljy]	Pflanzenöl (n)
kasvis-	[kasuis]	vegetarisch
kasvissyöjä	[kasuissyøjæ]	Vegetarier (m)
katkarapu	[katkarapu]	Garnele (f)
kaura	[kaura]	Hafer (m)
kavalakärpässieni	[kauala·kærpæssieni]	Grüner Knollenblätterpilz (m)

kaviaari	[kaʋia:ri]	Kaviar (m)
keitetty	[kejtetty]	gekocht
keittiö	[kejttiø]	Küche (f)
keitto	[kejtto]	Suppe (f)
keksit	[keksit]	Keks (m, n)
keltavahvero	[kelta·ʋahʋero]	Pfifferling (m)
keltuainen	[keltuajnen]	Eigelb (n)
kerma	[kerma]	Sahne (f)
kesäkurpitsa	[kesæ·kurpitsa]	Zucchini (f)
kieli	[kieli]	Zunge (f)
kiivi	[ki:ʋi]	Kiwi, Kiwifrucht (f)
kinkku	[kiŋkku]	Schinken (m)
kivennäisvesi	[kiʋennæjs·ʋesi]	Mineralwasser (n)
konditoriatuotteet	[konditorja·tuotte:t]	Konditorwaren (pl)
konjakki	[konjakki]	Kognak (m)
kookospähkinä	[ko:kos·pæhkinæ]	Kokosnuss (f)
korianteri	[korianteri]	Koriander (m)
korkkiruuvi	[korkki·ru:ʋi]	Korkenzieher (m)
kreemi	[kre:mi]	Buttercreme (f)
kuha	[kuɦa]	Zander (m)
kuivattu	[kujʋattu]	getrocknet
kukkakaali	[kukka·ka:li]	Blumenkohl (m)
kumina	[kumina]	Kümmel (m)
kuningasrapu	[kuniŋas·rapu]	Krabbe (f)
kuori	[kuori]	Schale (f)
kuppi	[kuppi]	Tasse (f)
kurkku	[kurkku]	Gurke (f)
kurpitsa	[kurpitsa]	Kürbis (m)
kuuma	[ku:ma]	heiß
kuuma pippuri	[ku:ma pippuri]	roter Pfeffer (m)
kylmä	[kylmæ]	kalt
laakerinlehti	[la:kerin·lehti]	Lorbeerblatt (n)
lahna	[lahna]	Brachse (f)
lampaanliha	[lampa:n·liɦa]	Hammelfleisch (n)
langusti	[laŋusti]	Languste (f)
lasku	[lasku]	Rechnung (f)
lautanen	[lautanen]	Teller (m)
lehmäntatti	[lehmæn·tatti]	Birkenpilz (m)
lehtikasvikset	[lehti·kasʋikset]	grünes Gemüse (pl)
lehtisalaatti	[lehti·sala:tti]	Kopf Salat (m)
leipä	[lejpæ]	Brot (n)
leivos	[lejʋos]	Kuchen (m)
liemi	[liemi]	Brühe (f), Bouillon (f)
liha	[liɦa]	Fleisch (n)
likööri	[likø:ri]	Likör (m)
limonadi	[limonadi]	Limonade (f)
linnunkirsikka	[linnun·kirsikka]	Süßkirsche (f)
linssi	[linssi]	Linse (f)
lisäke	[lisæke]	Beilage (f)
lohi	[loɦi]	Lachs (m)
lounas	[lounas]	Mittagessen (n)
lusikka	[lusikka]	Löffel (m)

luumu	[lu:mu]	Pflaume (f)
maapähkinä	[ma:pæhkinæ]	Erdnuss (f)
maissi	[majssi]	Mais (m)
maissi	[majssi]	Mais (m)
maissimurot	[majssi·murot]	Maisflocken (pl)
maito	[majto]	Milch (f)
maitokahvi	[majto·kahʋi]	Milchkaffee (m)
maitotiiviste	[majto·ti:ʋiste]	Kondensmilch (f)
majoneesi	[majone:si]	Mayonnaise (f)
makea	[makea]	süß
makkara	[makkara]	Wurst (f)
makrilli	[makrilli]	Makrele (f)
maksa	[maksa]	Leber (f)
maku	[maku]	Geschmack (m)
mandariini	[mandari:ni]	Mandarine (f)
mango	[maŋo]	Mango (f)
mansikka	[mansikka]	Erdbeere (f)
manteli	[manteli]	Mandel (f)
margariini	[margari:ni]	Margarine (f)
marja	[marja]	Beere (f)
marjat	[marjat]	Beeren (pl)
marmeladi	[marmeladi]	Marmelade (f)
maukas	[maukas]	lecker
mauste	[mauste]	Gewürz (n)
mehu	[mehu]	Saft (m)
meloni	[meloni]	Melone (f)
meren antimet	[meren antimet]	Meeresfrüchte (pl)
merilohi	[meri·lohi]	atlantische Lachs (m)
monni	[monni]	Wels (m)
muna	[muna]	Ei (n)
munakas	[munakas]	Omelett (n)
munakoiso	[muna·kojso]	Aubergine (f)
munat	[munat]	Eier (pl)
muru	[muru]	Krümel (m)
murukahvi	[muru·kahʋi]	Pulverkaffee (m)
musta kahvi	[musta kahʋi]	schwarzer Kaffee (m)
musta pippuri	[musta pippuri]	schwarzer Pfeffer (m)
musta tee	[musta te:]	schwarzer Tee (m)
mustaherukka	[musta·herukka]	schwarze Johannisbeere (f)
mustikka	[mustikka]	Heidelbeere (f)
myrkkysieni	[myrkky·sieni]	Giftpilz (m)
nakki	[nakki]	Würstchen (n)
naudanliha	[naudan·liha]	Rindfleisch (n)
nauris	[nauris]	Rübe (f)
neilikka	[nejlikka]	Nelke (f)
nuudeli	[nu:deli]	Nudeln (pl)
ohra	[ohra]	Gerste (f)
oliiviöljy	[oli:ʋi·øljy]	Olivenöl (n)
oliivit	[oli:ʋit]	Oliven (pl)
olut	[olut]	Bier (n)
omena	[omena]	Apfel (m)

osteri	[osteri]	Auster (f)
päärynä	[pæːrynæ]	Birne (f)
paistettu	[pɑjstettu]	gebraten
paistettu muna	[pɑjstettu munɑ]	Spiegelei (n)
pala, viipale	[pɑlɑ], [ʋiːpɑle]	Stück (n)
pallas	[pɑllɑs]	Heilbutt (m)
papaija	[pɑpɑijɑ]	Papaya (f)
paprika	[pɑprikɑ]	Paprika (m)
paprika	[pɑprikɑ]	Paprika (m)
parsa	[pɑrsɑ]	Spargel (m)
parsakaali	[pɑrsɑˑkɑːli]	Brokkoli (m)
pasta, makaroni	[pɑstɑ], [mɑkɑroni]	Teigwaren (pl)
patee	[pɑteː]	Pastete (f)
pavut	[pɑʋut]	Bohnen (pl)
pavut	[pɑʋut]	weiße Bohne (f)
pekoni	[pekoni]	Schinkenspeck (m)
persikka	[persikkɑ]	Pfirsich (m)
persilja	[persiljɑ]	Petersilie (f)
peruna	[perunɑ]	Kartoffel (f)
perunasose	[perunɑˑsose]	Kartoffelpüree (n)
pihvi	[pihʋi]	Beefsteak (n)
piirakka	[piːrɑkkɑ]	Kuchen (m)
pinaatti	[pinɑːtti]	Spinat (m)
piparjuuri	[pipɑrˑjuːri]	Meerrettich (m)
pirtelö	[pirtelø]	Milchcocktail (m)
pistaasi	[pistɑːsi]	Pistazien (pl)
pizza	[pitsɑ]	Pizza (f)
porkkana	[porkkɑnɑ]	Karotte (f)
proteiinit	[proteiːnit]	Protein (n)
pullonavaaja	[pullonˑɑʋɑːjɑ]	Flaschenöffner (m)
punaherukka	[punɑˑherukkɑ]	rote Johannisbeere (f)
punajuuri	[punɑˑjuːri]	Rote Bete (f)
punaviini	[punɑˑʋiːni]	Rotwein (m)
punikkitatti	[punikkiˑtɑtti]	Rotkappe (f)
puolukka	[puolukkɑ]	Preiselbeere (f)
purkinavaaja	[purkinˑɑʋɑːjɑ]	Dosenöffner (m)
purukumi	[puruˑkumi]	Kaugummi (m, n)
puuro	[puːro]	Brei (m)
rasvat	[rɑsʋɑt]	Fett (n)
resepti	[resepti]	Rezept (n)
retiisi	[retiːsi]	Radieschen (n)
riisi	[riːsi]	Reis (m)
riista	[riːstɑ]	Wild (n)
rommi	[rommi]	Rum (m)
ruis	[rujs]	Roggen (m)
ruoka	[ruokɑ]	Essen (n)
ruokahalu	[ruokɑˑhɑlu]	Appetit (m)
ruokalaji	[ruokɑˑlɑji]	Gericht (n)
ruokalista	[ruokɑˑlistɑ]	Speisekarte (f)
ruokalusikka	[ruokɑˑlusikkɑ]	Esslöffel (m)
ruokasieni	[ruokɑˑsieni]	essbarer Pilz (m)
rusina	[rusinɑ]	Rosinen (pl)

säilötty	[sæjløtty]	mariniert
säilyke	[sæjlyke]	Konserven (pl)
sahrami	[sahrami]	Safran (m)
saksanpähkinä	[saksan·pæhkinæ]	Walnuss (f)
salaatti	[sala:tti]	Salat (m)
sampi	[sampi]	Störfleisch (n)
samppanja	[samppanja]	Champagner (m)
sardiini	[sardi:ni]	Sardine (f)
savustettu	[sauustettu]	geräuchert
savustettu kinkku	[sauustettu kiŋkku]	Räucherschinken (m)
seesami	[se:sami]	Sesam (m)
selleri	[selleri]	Sellerie (m)
sianliha	[sian·liha]	Schweinefleisch (n)
sieni	[sieni]	Pilz (m)
silli	[silli]	Hering (m)
sinappi	[sinappi]	Senf (m)
sipuli	[sipuli]	Zwiebel (f)
sitruuna	[sitru:na]	Zitrone (f)
sivumaku	[siuu·maku]	Beigeschmack (m)
soija	[soija]	Sojabohne (f)
sokeri	[sokeri]	Zucker (m)
spagetti	[spagetti]	Spaghetti (pl)
suklaa	[sukla:]	Schokolade (f)
suklaa-	[sukla:]	Schokoladen-
suola	[suola]	Salz (n)
suolainen	[suolajnen]	salzig
suurimot	[su:rimot]	Grütze (f)
tähkä	[tæhkæ]	Ähre (f)
täyte	[tæyte]	Füllung (f)
taateli	[ta:teli]	Dattel (f)
taimen	[tajmen]	Forelle (f)
tarjoilija	[tarjoilija]	Kellner (m)
tarjoilijatar	[tarjoilijatar]	Kellnerin (f)
tattari	[tattari]	Buchweizen (m)
tee	[te:]	Tee (m)
teelusikka	[te:lusikka]	Teelöffel (m)
teevati	[te:uati]	Untertasse (f)
tilli	[tilli]	Dill (m)
tomaatti	[toma:tti]	Tomate (f)
tomaattimehu	[toma:tti·mehu]	Tomatensaft (m)
tonnikala	[tonnikala]	Tunfisch (m)
tumma olut	[tumma olut]	Dunkelbier (n)
tuoremehu	[tuore·mehu]	frisch gepresster Saft (m)
turska	[turska]	Dorsch (m)
vaalea olut	[ua:lea olut]	Helles (n)
vadelma	[uadelma]	Himbeere (f)
valkosipuli	[ualko·sipuli]	Knoblauch (m)
valkoviini	[ualko·ui:ni]	Weißwein (m)
valkuainen	[ualku·ajnen]	Eiweiß (n)
vanukas	[uanukas]	Pudding (m)
vasikanliha	[uasikan·liha]	Kalbfleisch (n)
vehnä	[uehnæ]	Weizen (m)

veitsi	[vejtsi]	Messer (n)
vermutti	[vermutti]	Wermut (m)
vesi	[vesi]	Wasser (n)
vesimeloni	[vesi·meloni]	Wassermelone (f)
vihannekset	[viɦannekset]	Gemüse (n)
vihreä tee	[viɦreæ te:]	grüner Tee (m)
viikuna	[vi:kuna]	Feige (f)
viini	[vi:ni]	Wein (m)
viinilasi	[vi:ni·lasi]	Weinglas (n)
viinilista	[vi:ni·lista]	Weinkarte (f)
viinirypäleet	[vi:ni·rypæle:t]	Weintrauben (pl)
viipale	[vi:pale]	Scheibchen (n)
vilja	[vilja]	Getreide (n)
viljat	[viljat]	Getreidepflanzen (pl)
virvoitusjuoma	[virvojtus·juoma]	Erfrischungsgetränk (n)
viski	[viski]	Whisky (m)
vitamiini	[vitami:ni]	Vitamin (n)
vohvelit	[voɦvelit]	Waffeln (pl)
voi	[voj]	Butter (f)
voileipä	[voj·lejpæ]	belegtes Brot (n)
votka, vodka	[votka], [vodka]	Wodka (m)